MANUEL DE L'AMATEUR

D'ÉDITIONS ORIGINALES

1800-1911

PAR

Pierre DAUZE

Président de la Société des *XX*
et Vice-Président de la Société *Le Livre Contemporain*
et de la *Société de Propagation du Livre d'Art*

PARIS

DUREL, ÉDITEUR

LIBRAIRE DU MINISTÈRE DE LA JUSTICE

Rue de l'Ancienne-Comédie, n° 18

1911

MANUEL DE L'AMATEUR

D'ÉDITIONS ORIGINALES

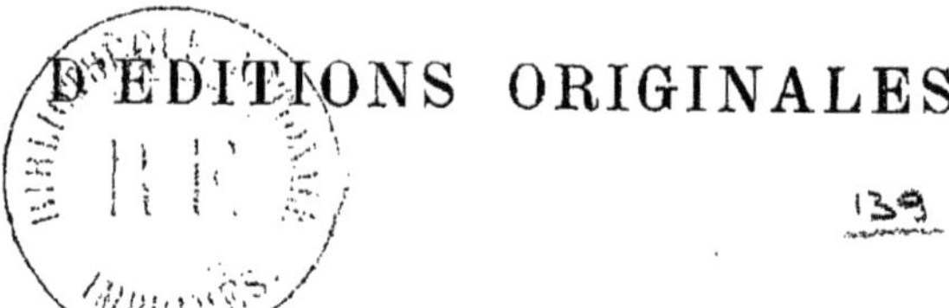

MANUEL DE L'AMATEUR

D'ÉDITIONS ORIGINALES

1800-1911

PAR

Pierre DAUZE

Président de la Société des *XX*
et Vice-Président de la Société *Le Livre Contemporain*
et de la *Société de Propagation du Livre d'Art*

PARIS

DUREL, ÉDITEUR

LIBRAIRE DU MINISTÈRE DE LA JUSTICE

Rue de l'Ancienne-Comédie, n° 18

—

1911

A

ROGER MARX

MON INITIATEUR A LA BIBLIOPHILIE

PRÉFACE

*Cette modeste étude n'est autre qu'une simple
préface un peu augmentée. Elle devait précéder une
nomenclature bibliographique complétant le très
intéressant* Manuel de l'Amateur de Livres du
xix° siècle, *de notre excellent confrère M. Georges
Vicaire. Cette nomenclature avait pour but de
permettre aux amateurs d'attendre avec patience le
Supplément de ce bel ouvrage renfermant les articles
sur les livres publiés entre 1893 et 1900 et de*

le compléter avec ceux relatifs aux éditions publiées entre 1900 et 1911, en y ajoutant les prix payés en vente publique depuis 1893.

Nous avions réuni dans ce but plusieurs milliers de fiches, lorsque la maladie est venue nous arrêter. Depuis tout nouveau travail nous ayant été interdit nous avons dû renoncer à celui que nous avions entrepris. Cette défense rendant inutilisables les éléments que nous avions patiemment réunis, nous avons dû à notre grand regret clôturer le livre projeté avant son achèvement.

Ne voulant pas cependant laisser perdre entièrement l'œuvre que nous avions ébauchée, nous nous bornons aujourd'hui à en publier, à petit nombre, la partie qui ne devait en être que la préface. Elle offrira peut-être quelques utiles renseignements aux débutants collectionneurs ou collectiomanes en Editions originales contemporaines. Ils y apprendront peut-être un peu plus tôt quelques indications que l'expérience leur eut certainement enseignées. Ce sera toujours autant de gagné pour eux jusqu'à ce que de nouvelles modifications de la mode bibliophilique les aient rendues caduques comme le sont devenues d'ailleurs celles des publications précédentes traitant des mêmes sujets.

Elles ne resteront plus alors que la preuve modeste d'une bonne volonté, qui a voulu faire plus qu'elle ne pouvait. Heureux si elle attire à l'auteur les sympathies de ceux qui, comme lui, ont beau-

coup aimé, aiment ou aimeront le livre et cherche-
ront à mettre à l'abri des épreuves matérielles du
temps, ceux parmi lesquels nos successeurs pour-
ront choisir quelques chefs-d'œuvre dignes de ce
nom méritant l'honneur suprême de survivre sinon
éternellement, du moins pendant quelques siècles
et de leur léguer la pensée de celui où nous avons
vécu.

P. D.

D'ÉDITIONS ORIGINALES

CHAPITRE PREMIER

Des Bibliothèques anciennes.

Les premières collections bibliophiliques, les cabinets de livres, comme on disait alors, furent composées de manuscrits et d'imprimés résumant les connaissances humaines. Parmi ces collections, figuraient en première ligne les éditions originales des classiques grecs et latins, imprimées d'après les manuscrits échappés aux ravages des Barbares que l'on conservait, le plus souvent, dans les bibliothèques des monastères.

Le tirage des premiers volumes imprimés étant limité par le faible débit des presses conduites à bras, le nombre et l'importance de ces collections étaient naturellement restreints.

Peu-à-peu, avec l'amélioration du matériel d'imprimerie, puis, au siècle dernier, avec l'application de la vapeur, le flot d'impressions qui nous inonde aujourd'hui, surtout depuis la seconde moitié du siècle, monta rapidement.

Il fallut établir parmi elles de nouvelles classifications pour leur mise en ordre.

Avec leur multiplication le nombre des amateurs crût également, quoique dans une proportion beaucoup moindre. Il fallut encore établir des catégories nouvelles,

Au début, une bibliothèque ne pouvait être réputée complète que si elle réunissait des ouvrages écrits sur toutes les principales branches des connaissances générales.

Mais, à partir de la seconde moitié du xviii° siècle, nous commençons à rencontrer des amateurs de livres, c'est-à-dire des gens qui n'étaient pas eux-mêmes des érudits, comme jadis, mais des collectionneurs proprement dits.

Avec eux, les bibliothèques continuèrent à conserver leur caractère d'universalité ; mais, plus tard, une sélection devint indispensable pour éviter l'encombrement.

Les incunables et les livres du xvᵉ siècle seuls se trouvèrent prisés d'abord, en tant qu'éditions princeps ; puis les recherches se portèrent sur les éditions originales classiques des xviiᵉ et xviiiᵉ siècles et les premiers romans de chevalerie, etc.

Ces catégories de livres s'épuisant tour à tour, le cercle dut s'élargir. On reprit alors celle des premiers poètes du xviᵉ, en y joignant successivement les éditions curieuses, farces, soties, livres de cérémonie ou illustrés de la même époque.

Dès la seconde partie du siècle dernier, les livres du xviiiᵉ, surtout illustrés, furent à leur tour l'objet des demandes des bibliophiles.

Ce fut à ce moment que commença la bataille à coups de billets de banque jetés sur les morceaux de choix des collections antérieurement réunies, au fur et à mesure qu'elles arrivaient sur le marché par la volonté ou la mort de leurs propriétaires. Cette bataille ne s'est point ralentie depuis car elle continue toujours de plus en plus vive, sauf quelques réactions sur des livres démodés pendant un moment.

C'est, en effet, de cette époque qu'il convient de faire remonter la hausse considérable enregistrée sur le livre ancien. Cette hausse, au lieu de restreindre le nombre des collectionneurs, provoqua peu-à-peu leur multiplication ; seulement la plupart des nouveaux venus n'eurent rien à se mettre sous la dent, les gros portefeuilles ayant fait la rafle à peu près complète.

C'est de là aussi que datent les spécialisations des bibliothèques que nous constatons à présent. C'est à dire qu'on vit certains amateurs, au lieu de réunir une collection générale comme au début du siècle, limiter leur activité à une ou plusieurs catégories de livres, en étendant toutefois l'importance relative de chacune de ces catégories. Cela eut été difficile avec les bibliothèques générales, qui se doivent borner à grouper des choix de livres dans chaque branche.

Asselineau rendit espoir à ces amateurs spécialisés, en affirmant résolument que les éditions originales des grandes œuvres littéraires du XIXᵉ siècle n'étaient pas moins dignes d'attention que celles des siècles précédents, et en attirant plus particulièrement leur attention sur celles de la période romantique.

Puis ces dernières se trouvant à leur tour accaparées et épuisées leur prix s'en ressentit.

Mais le nombre des amateurs, sinon leur qualité, croissait, croissait toujours et il fallait un nouvel aliment à leur convoitise : ce fut tout naturellement les œuvres littéraires dont la publication suivit celle de l'époque romantique.

Le vide s'étant reproduit, il devint nécessaire de recourir aux publications récentes. Ce fut l'œuvre d'une nouvelle catégorie de bibliophiles, et de ceux qui tendent à le devenir. On en était arrivé aux éditions tout à fait contemporaines, et même à celles sortant de sous presse.

Aujourd'hui, à mesure que paraît une œuvre semblant devoir sortir de la banalité, elle est immédiatement happée et entre dans les bibliothèques de nos modernes amateurs, qu'elle soit tirée sur grand papier, ou même sur papier ordinaire.

Ainsi s'est formée la plupart des nombreuses collections actuelles d'éditions contemporaines, dont nous nous proposons, dans ce petit travail, d'étudier la composition, comme valeur littéraire et même matérielle. Cette dernière synthétise souvent la première ; elle ne prend même d'importance, à nos yeux, qu'à la faveur de cette seule considération.

De la définition de l'édition originale.

Avant tout, il convient de définir cette expression d'édition originale, car elle varie singulièrement.

Un auteur et un bibliophile ne l'envisagent pas souvent de la même façon, et cependant, pour ce dernier, elle ne peut avoir qu'un seul et unique sens.

L'édition originale est la première édition imprimée d'une œuvre paraissant en librairie. Si elle a été publiée à l'insu de l'auteur, elle n'en constitue pas moins, pour l'amateur, l'*édition originale*.

L'auteur, au contraire, ne reconnaît comme telle que celle avouée par lui et qu'on devrait alors dénommer, pour la distinguer : édition originale *authentique*.

Un premier tirage ne doit pas être confondu avec une édition originale. Cette première appellation ne s'applique qu'à un ouvrage illustré, quand les illustrations y paraissent pour la première fois.

Mais si une édition, avec texte original, est illustrée, et si les illustrations ont été faites spécialement pour elle, elle réunit à la fois les deux conditions.

Toute réimpression où l'auteur ne se borne pas à introduire des corrections mais ajoute des parties inédites, constitue une deuxième, une troisième édition originale, et ainsi de suite.

Ces distinctions sont indispensables car, pour ne citer qu'un fait, certaines éditions originales de Victor Hugo et de Lamartine furent presque simultanément tirées sur format in-18 et in-8° ; et, il y a une quinzaine d'années, se posa la question de savoir laquelle des deux était la véritable édition originale. En l'absence de preuves matérielles disparues, preuves tirées de la correspondance des auteurs ou des registres des éditeurs ou brocheurs, il fut affirmé que l'édition in-octavo, se trouvant la plus correcte, devait être considérée comme l'originale.

M. Paul Meurice, représentant la personnalité de Victor Hugo, fut notamment de cet avis.

Il ne pouvait en juger autrement, car il n'avait, lui, à envisager que le côté littéraire de la question.

Les bibliophiles, selon nous, doivent se prononcer différemment. L'existence, dans l'édition in-18, de fautes littéraires corrigées par l'auteur dans l'édition in-octavo, est simplement la preuve que l'auteur n'a pas lu l'édition in-18, ou l'a lue plus rapidement. Mais, en l'absence d'autres preuves, cela n'indique nullement qu'elle n'a pas paru avant l'autre. On peut et on doit même supposer, au contraire, que cette édition incorrecte lui à servi à rectifier l'édition in-8°. C'est d'ailleurs, on le sait, le cas pour presque toutes les rééditions.

D'autres preuves de l'antériorité de l'édition in-18 nous semblent fournies par les considérations suivantes :

Les éditions à bon marché in-18 durent, suivant la logique, être tirées les premières. Quelle était leur raison d'être? On les destinait à parvenir aux centres principaux de vente, tels que Francfort et Bruxelles, où sévissait alors une contrefaçon effrénée. Pour y arriver efficacement, il fallait qu'elles y fussent rendues à la date même où paraissait l'édition in-8° à Paris. Or, à cette époque, les chemins de fer n'existant pas encore et les délais de transport de douane étant fort longs, il fallait, pour que les envois arrivassent en temps, s'y prendre fort à l'avance. D'où nécessité absolue de faire paraître ces éditions in-18 au moins trois à quatre semaines avant l'in-octavo. Ainsi on s'explique qu'elles contiennent des fautes qui furent corrigées à une date ultérieure et, très probablement, d'après cette édition relativement défectueuse, préparée un peu en hâte pour l'étranger.

Le bibliophile, ici, ne doit et ne peut être de l'avis de l'auteur ou des défenseurs de sa mémoire littéraire ; car il a, lui, à ne tenir compte que du fait purement matériel : date précise de l'impression ; tandis que les seconds n'attachent de prix qu'à la seule chose intéressante, à leur point de vue : la pureté de l'édition.

Poussons même notre examen plus loin. Admettons que l'édition in-18 ait été imprimée la première, mais qu'elle n'ait été mise en circulation qu'une année après l'édition in-8°, et qu'on en ait la preuve certaine. Même si sa date avait été reculée sur le titre, il n'en serait pas moins incontestable que, du moment que le texte en est sorti de sous presse le premier, elle constitue la véritable édition primitive. Elle doit être cataloguée comme telle, avec une réserve sur les fiches bibliographiques. Le bibliographe doit en tenir compte et le bibliophile n'a, de son côté, qu'à s'incliner, le bibliographe primant ici l'auteur lui-même.

Car en tout il faut une règle, et elle ne peut ni ne doit plier devant des considérations littéraires ou autres, étrangères à la bibliographie et, à plus forte raison, à la bibliophilie, qui est une sorte de bibliographie poussée souvent jusqu'à la manie. La règle ne tient compte que du fait matériel brutal.

Préférez, si vous le voulez, l'édition correcte à celle qui ne l'est pas. Nous serons de votre avis. Recherchez l'une, dédaignez l'autre, c'est votre droit. Mais, nous le répétons, la règle doit être observée !

Des éditions originales anciennes.

Pour quel motif recherchait-on jadis l'édition originale avouée par l'auteur ?

C'est qu'alors la contrefaçon s'exerçait presque sans limite, et que seulement dans cette édition se rencontraient la pureté et la correction. Les contrefaçons n'offraient aucune garantie, parce que, copiées à la hâte sur un texte dérobé, qui n'était point le dernier, ou sur des épreuves non revues, elles s'imprimaient en fraude à bas prix et sans soin, ne pouvant s'écouler qu'à prix beaucoup plus réduit.

Plus tard, quand le privilège de librairie vint assurer, dans une certaine mesure (car il n'était pas toujours respecté), le bon droit du premier éditeur, les contrefaçons offrirent encore moins de sûreté, leur vente s'effectuant d'une façon clandestine et à plus vil prix encore.

Des éditions originales contemporaines.

De nos jours, sauf de rares exceptions, l'édition originale est recherchée pour un motif bien différent. La fabrication du livre étant beaucoup plus rapide, le temps a une plus grande valeur et les auteurs, sauf dans des cas assez rares, publient quelquefois leurs œuvres un peu hâtivement. Ils éprouvent, par la suite, le besoin d'apporter des corrections plus ou moins importantes dans les éditions subséquentes. Ces corrections deviennent quelquefois considérables quand l'auteur, arrivé tardivement à la célébrité, fait rééditer des œuvres de jeunesse parues quelquefois dix ans, ou même quinze années auparavant.

La constatation de ces changements, ajoutés, retranchements, remaniements, devient alors extrêmement curieuse et même instructive pour tous ceux qui s'intéressent à la littérature, à la bibliographie ou à la biographie. Elle explique, en effet, des modifications qui, avec le temps, se sont produites dans la mentalité et dans la technique littéraire de l'auteur. Rien de plus naturel qu'elle motive cette ardeur des recherches pour leurs éditions princeps et le prix plus élevé des éditions où le texte premier diffère davantage de celui qui a été définitivement adopté.

Donc, recherche du texte primitif avec le désir de le trouver différent des textes suivants, telle est, à notre avis, la raison capitale de la constitution des collections d'éditions originales contemporaines.

Bien entendu, la manie s'est mise après de la partie et a, nous ne nous le dissimulons pas, exagéré singulièrement les motifs de cette légitime recherche. Nous le constatons avec regret. Aujourd'hui, une simple différence dans la nuance de la couverture, une incorrection typographique, suffit à certains amateurs pour justifier leurs préférences et faire attribuer une valeur, souvent exagérée, à une édition originale ne présentant que ces menues particularités.

Peut-être conviendrait-il même de réagir contre l'excès de cette tendance?

Des raisons de rechercher l'édition originale contemporaine.

Continuant l'étude de la définition de l'édition originale, nous allons chercher à préciser les raisons réelles qui nous semblent rendre précieuse ou désirable la possession d'une édition originale.

Le bibliophile a, de tout temps, éprouvé le charme particulier que produit la lecture d'un chef-d'œuvre littéraire dans l'édition où il a été publié primitivement. Il s'y reporte par la pensée, en contemplant caractères, impression, papier, brochage de l'époque où il parut et fut même trop souvent méconnu. Il subit du fait de cette transposition dans le temps passé une impression de plaisir, assez délicate à exprimer, mais que nous avons tous plus ou moins ressentie. Et plus cette édition diffère de celles qui l'ont suivie, plus ce sentiment prend de force et d'acuité. Il incite à chercher à se représenter le milieu où naquit, vécut et mourut un grand homme, et devient impressionnant pour tous ceux qui sentent quelque peu.

De l'édition originale romantique.

Il y a encore seulement cinquante ans, quand un livre était édité pour la première fois, on le composait avec des caractères mobiles. La stéréotypie, bien que connue depuis près d'un siècle, n'était employée que fort rarement et seulement pour des ouvrages classiques dont on prévoyait un gros écoulement. Le tirage ne se trouvait pas en rapport, non avec la valeur littéraire supposée ou réelle de l'auteur, d'ailleurs souvent ignorée, mais avec l'écoulement possible du livre, 5oo, 1.000 ou 1.5oo exemplaires, rarement plus. Le prix de vente plus élevé que de nos jours la limitait, surtout eu égard à la valeur supérieure de l'argent. Les cabinets littéraires ou de lecture étaient les principaux et souvent les seuls acheteurs. Il fallait donc que le succès fût déja bien assuré pour que l'éditeur se décidât à faire paraître une édition nouvelle. La composition première n'ayant point été conservée, il lui fallait en refaire une nouvelle qui permettait d'ailleurs à l'auteur d'y introduire des corrections et des remaniements, dans une mesure souvent importante. C'est pour cette raison que les éditions datant de cette époque et des années suivantes présentent entre elles d'assez sensibles différences et n'en offrent que plus d'intérêt.

De l'édition originale actuelle.

De nos jours, il n'en est plus de même. Les éditions d'auteurs en renom ne sont pas conservées en caractères mobiles. Mais des empreintes en creux immédiatement prises servent à la confection de clichés en relief, d'un nombre plus ou moins élevé suivant l'importance du tirage. Puis la composition est distribuée de suite, c'est-à-dire détruite. C'est donc sur les clichés seuls que sont tirés les exemplaires, y compris ceux dits, improprement d'ailleurs, sur grand papier. Ce sont ces mêmes formes clichées conservées qui serviront à imprimer toutes les éditions subséquentes.

A moins donc d'une erreur capitale dans la composition en lettres mobiles, bien téméraire serait aujourd'hui l'auteur qui se croirait autorisé à en réclamer la recomposition pour une ou plusieurs pages sur lesquelles devraient être fondus de nouveaux clichés, permettant la réimpression d'un ou plusieurs cartons de 4, 8 pages nécessaires au remplacement du carton fautif, etc.

CHAPITRE II

Comment distinguer
l'édition originale contemporaine
des éditions suivantes ?

Les éditions originales d'un livre se distin-
guaient auparavant par la couverture et le titre.
Ils mentionnaient régulièrement la date de la première émission, sans aucune mention du chiffre
de l'édition. Aujourd'hui, cette absence d'indication ne signifie plus grand'chose. Couvertures et
titres ne sont pas toujours tirés dans la même
imprimerie que le texte. Ce dernier est envoyé

chez le brocheur où viennent le joindre ses titres et couvertures. Pour les œuvres d'un auteur aimé du public, les derniers exemplaires imprimés d'un tirage qui atteint plusieurs milliers de volumes du premier coup se trouvent presque toujours revêtus de couvertures et de titres sans chiffre de tirage d'éditions originales, qui ne devraient légitimement habiller que le premier mille tiré. Cette particularité devient une simple mystification pouvant tout au plus flatter un bibliophile débutant, et encore ignorant, mais elle ne peut tromper un amateur éclairé que s'il le veut bien..., et nous devons avouer qu'il le veut parfois.

Certains éditeurs, et notamment les maisons Calmann-Lévy, Flammarion, etc. ont adopté une mesure encore plus radicale : ils ne datent plus du tout leurs éditions. Cela se trouvera singulièrement compliquer la tâche des bibliographes futurs obligés de rechercher d'autres moyens, et ils en trouveront, de distinguer les éditions différentes d'un même ouvrage.

Les changements dans le texte constitueront, notamment, une indication sérieuse. Mais, ainsi que nous l'avons expliqué, ils deviennent fort rares aujourd'hui dans les œuvres d'auteurs estimés, à moins qu'il ne s'agisse de leurs toutes premières œuvres, parues longtemps avant qu'ils soient en possession de leur réputation.

Pourquoi sont recherchés·
les exemplaires tirés sur grand papier ou
sur papier de luxe ?
Dans quel cas peut-on se contenter
du papier ordinaire ?

Il ne convient pas de rechercher les tirages des éditions originales sur papiers ordinaires des œuvres d'auteurs célèbres, quand ils sont effectués à très grand nombre, pour les motifs que nous venons de fournir. Il est toujours convenable de leur préférer des exemplaires tirés, presque toujours en faible quantité, sur grand papier ou papier de luxe, surtout lorsqu'ils sont numérotés, ce qui permet de connaître exactement cette quantité.

Ce numérotage établit, en quelque sorte, la personnalité de l'exemplaire. On ne peut admettre à sa place d'exemplaires non numérotés que s'ils portent une mention spéciale d'affectation, manuscrite ou imprimée, par l'auteur ou l'éditeur, et notamment une dédicace ou un envoi.

Ces exemplaires offrent un attrait particulier au bibliophile, étant imprimés sur un papier de qualité supérieure, de fil de préférence, dit Hollande et qui assure leur conservation par la suite. Plus tard, ce qui est une considération majeure pour le bibliophile, ils seront encore plus enviables car leur rareté les rendra l'objet

d'une recherche plus vive, précisément en raison de ce nombre limité.

Le tirage de l'édition originale, pour les auteurs
appréciés mais accessibles seulement à un public
d'élite, ne dépasse guère 5oo ou 1.000 exemplaires sur papier ordinaire. Il convient alors de les
collectionner quand même sur ce papier, si le
collectionneur recule devant le prix plus élevé
des exemplaires en papier de luxe. L'éditeur sa-
chant parfaitement que sa vente sera restreinte,
ne fait que rarement établir l'édition sur clichés
et ne la tire que sur caractères mobiles, dont il
ne conserve même pas les empreintes.

Ce fait a été constaté pour les œuvres premières
de nombre de nos grands écrivains contemporains pour peu qu'ils aient fait preuve d'une certaine originalité déroutant le grand public. Il a
fallu, à presque tous, un laps de temps de cinq,
dix, ou même quinze années pour arriver à la
grande notoriété. Et ce n'est qu'à partir du
moment où ils en ont joui que les éditions originales de leurs œuvres sur papier ordinaire
peuvent être relativement délaissées, leur tirage
ayant généralement été forcé. C'est au collectionneur intelligent à établir lui-même cette
démarcation ; elle concorde d'ailleurs, presque
toujours, avec la date où l'éditeur commence
à augmenter très sensiblement le nombre des
exemplaires sur papier de luxe.

Il devient même prudent, de ne prendre que les œuvres les plus saillantes de ces productions, souvent plus négligées, et il est parfois préférable de s'en tenir à leurs seules premières.

Nous ne voulons nommer personne, mais nos lecteurs ont certainement sur les lèvres les noms de certains auteurs que le trop de faveur du grand public a amenés à de fâcheuses concessions, enlevant à leurs écrits l'originalité qui les avait caractérisés au début.

Ces sortes d'ouvrages ne peuvent, en effet, qu'encombrer des collections, accusant le manque de discernement de leurs propriétaires. Aussi ne doit-on jamais hésiter à s'en défaire, quand on s'est laissé entraîner, par faiblesse ou par insouciance, à les acquérir. C'est le poids lourd qu'il convient de jeter à la mer, quels que soient les sacrifices qui puissent en résulter ; c'est une nouvelle place libre reconquise, place précieuse surtout dans les étroites bibliothèques parisiennes, et qui équivaut au poids de l'or.

De l'exemplaire unique.

Un mot sur l'exemplaire unique, c'est-à-dire tiré à un seul exemplaire, pour détruire une illusion. Il n'y a pas d'exemplaire unique ! Quand on désire un seul exemplaire, qu'il s'agisse d'un livre ou seulement d'un tirage sur un papier de choix spécial, il est toujours prudent d'en faire tirer deux ou trois sur ce papier. Si l'exemplaire était unique, il suffirait de gâter une seule feuille pendant ou après le tirage, pour le rendre incomplet et inutilisable. Il est nécessaire d'en tirer deux ou trois, pour parer aux accidents possibles. Rien de plus régulier jusque-là. Mais ici les choses se compliquent. Quand ces deux ou trois exemplaires ont été obtenus, et sans aria, il est bien dur de les détruire ; on les garde, provisoirement, par précaution, contre un accident ultérieur toujours possible. Que leur détenteur disparaisse ou qu'un larcin se produise, et voici lancés dans la circulation deux ou trois exemplaires adultérins qui sont tous uniques. Morale : un exemplaire ne peut se vanter d'être unique, que si son propriétaire a la preuve qu'il n'en reste pas d'autres, c'est-à-dire celle de leur destruction.

CHAPITRE III

**De la réunion d'une collection. — Des achats
en « nouveauté ».
Des dons d'auteurs ou d'éditeurs.**

Quels moyens employer pour se procurer les
éléments d'une collection d'éditions originales
contemporaines?

Nous en connaissons trois.

Le premier, le moins coûteux et le plus simple,
est évidemment d'en être redevable aux auteurs.
Il offre l'avantage de les recevoir accompagnés

d'envois autographes le plus souvent laudatifs et flatteurs, mais plus rarement intéressants. Il n'est, d'ailleurs, qu'à la portée d'un très petit nombre de collectionneurs pourvus de relations littéraires : ce sont, pour la plupart, des critiques. La réalisation de leurs bibliothèques à leur décès, ou des ventes préalables, permettent pourtant aux amateurs de s'y approvisionner à titre onéreux et d'en faire profiter leurs bibliothèques. Ces ventes se font souvent publiquement et elles sont précédées d'un catalogue, quand la collection est importante. Mais elles ont lieu aussi sans autre avis qu'une modeste annonce dans les feuilles spéciales consacrées aux annonces de ventes publiques. Cette discrétion profite à certains libraires spéciaux d'occasion, qui ont coutume de suivre ces sortes d'encans et d'en profiter largement au moyen de la petite entente connue sous le nom de révision, entente que la loi prohibe, mais qu'elle ne réprime plus. La coutume, sinon la morale moins bénévole, la tolère malgré le tort qu'elle cause aux vendeurs et aux autres acheteurs ne participant pas à ces combinaisons souterraines.

Bien entendu en théorie, on devrait toujours acquérir un bon livre à son apparition en librairie. Mais on ne collectionne généralement pas au berceau et, à moins d'héritage, on est bien obligé de se procurer par d'autres procédés les volumes qu'on désire, et qui sont parus antérieurement.

D'autre part, tous les amateurs ne peuvent se flatter d'avoir les connaissances littéraires nécessaires pour discerner parmi les éditions récentes — les nouveautés, comme on dit en terme de métier — et sans crainte d'errer, le bon grain de l'ivraie ; à moins d'acheter tout ce qui paraît, pour être assuré de ne point laisser échapper précisément ce bon grain. Ce mode d'opérer entrainerait un peu loin. Les acquéreurs en proie à cette boulimie particulière n'ont jamais donné un exemple à imiter, ainsi que l'ont prouvé des exemples célèbres dans l'histoire de la bibliophilie.

Des éditions originales épuisées.

S'il s'agit de livres épuisés chez l'éditeur, il est toujours prudent de s'assurer chez ce dernier que cet épuisement est bien réel et n'est point un pur artifice de catalogue de libraire mal renseigné ou peu délicat. Ceci se produit. Quelquefois l'épuisement n'est qu'apparent et on retrouve tout ou partie de l'édition à bas prix chez un soldeur. Le catalogue de l'éditeur devrait en ce cas remplacer la mention *épuisée* par celle de *soldée*. Elle serait beaucoup plus exacte, mais peut-être moins favorable au prestige de l'éditeur. Aussi est-elle toujours omise.

Il n'est point rare, non plus, que des œuvres, bien qu'annoncées comme épuisées en première édition par les catalogues de libraires d'occasion, souvent de bonne foi mais insuffisamment renseignés, puissent se rencontrer chez leurs éditeurs primitifs et s'obtenir encore à leurs prix officiels. Il est donc toujours sage, répétons-le, de s'enquérir, auparavant, par soi-même de cet épuisement réel auprès de ces éditeurs. On éprouve ainsi, parfois, le plaisir d'y retrouver un exemplaire isolé, égaré, rentré après règlement, ou tout simplement oublié dans les inventaires. Le fait s'est produit à plusieurs reprises, à notre connaissance, et nous n'avons pas craint d'en profiter. Dans cette occurrence trop rare, le collectionneur se trouve singulièrement heureux de voir son flair et sa persévérance couronnés de succès, menues satisfactions qui ne lui sont pas indifférentes et dont il ne manque jamais de faire part à ceux qu'il sait s'intéresser comme lui aux mêmes recherches.

Bien entendu, quand la date d'édition est quelque peu éloignée, ce contrôle est généralement superflu. Mais il n'y a pas de règles sans exceptions, ainsi que nous en avons eu la preuve récente en faisant l'emplette de *Autour d'une tiare* de Gebhardt, sur papier de Hollande, bien que sa date d'édition remontât à dix-sept années.

Des auteurs mis brusquement en lumière.

Le résultat est encore plus certain lorsqu'un succès soudain fait subitement sortir un auteur de son obscurité, — obscurité toute relative d'ailleurs, car il est tout à fait improbable que son mérite n'ait été déjà apprécié par ses pairs. Nous voulons donc parler seulement du moment où ce mérite devient incontestable pour le grand public. L'auteur devient alors intéressant et il faut se hâter de recueillir et de grouper les œuvres antérieures parues, soit chez son éditeur actuel, soit chez ceux qui l'avaient précédemment édité.

Il importe même de ne pas perdre de temps, car les bonnes idées sont rarement personnelles et elles viennent au même moment à vos rivaux ; ou, en tout cas, aux libraires à l'affût de révélations et des mouvements d'opinion qui en résultent.

La difficulté de connaître les œuvres antérieurement parues de l'auteur ainsi mis en lumière est assez aisée à résoudre. Il suffit de parcourir la liste de celles indiquées presque toujours au revers du faux titre intitulée : *Du même auteur...*, ou portant tout autre indication similaire. A défaut des livres du même auteur, le catalogue de son éditeur ou de ses éditeurs anté-

rieurs donne au moins une partie des renseignements. On peut aussi feuilleter la dernière édition et les précédentes de la *Bibliographie française,* de Le Soudier ; sa table des noms d'auteurs
place en regard ceux de leurs éditeurs. Nous
disons : les précédentes éditions, car la dernière
omet les titres des éditions épuisées. Les index
annuels de la *Bibliographie de la France,* du
Catalogue de la Librairie française de Lorentz et
de ses suppléments fournissent encore ces données et d'une façon plus exacte même, mais la
recherche y est un peu plus longue.

Du reste, pour rendre palpable l'utilité de recherches, paraissant inutiles en apparence, nous
citerons encore quelques exemples qui nous sont
personnels, et que nous pourrions appuyer de
beaucoup d'autres qui nous ont été rappelés par
des confrères en bibliophilie :

La *Parisienne* de Becque, sur papier de Hollande, valait couramment 3o à 35 fr., dans le
commerce, en tant qu'édition épuisée, il y a quelques années, alors qu'il en restait encore en
vente au prix original chez l'éditeur Calmann-
Lévy.

Un de nos amis, M. B..., a demandé et acheté,
quarante ans après son apparition, un des très
rares exemplaires sur papier de Hollande de la
Vie de Jésus de Renan, chez l'éditeur Calmann-
Lévy.

On retrouva encore chez l'éditeur Fasquelle des exemplaires imprimés sur papier du Japon de la *Samaritaine*, deux ans après le succès formidable de Cyrano de Bergerac, et ces exemplaires qu'on put se procurer alors à prix d'éditeur valent aujourd'hui de 100 à 125 fr. et davantage.

Nous pourrions multiplier les cas du même genre.

CHAPITRE IV

De la valeur pécuniaire des éditions originales.

La valeur des éditions originales contemporaines est une matière extrêmement discutable et surtout variable. Elle est réglée, comme toutes celles de ce genre, par la loi de l'offre et de la demande. L'offre, bien entendu, dépend presque toujours de la rareté de l'ouvrage, mais quelquefois aussi de son manque de notoriété et de la difficulté qu'on éprouve à se le procurer, le livre restant enseveli chez des libraires ou chez des particuliers qui n'en font aucun cas et ne songent pas à en solliciter l'achat. La demande est guidée par la qualité littéraire, l'état de conservation des volumes et, malheureusement devons-nous ajouter, beaucoup aussi par la mode et par le snobisme, compagnon inséparable de cette première.

Des réactions apparentes de valeur.

Il arrive de voir des éditions, subitement très recherchées, atteindre un prix de plus en plus élevé, que l'on voit baisser peu-à peu par la suite. Cela tient fréquemment à ce que, surtout en matière d'éditions tirées sur papier ordinaire, le nombre latent d'exemplaires conservés est parfois resté assez élevé. Avec le temps, l'édition se révèle beaucoup moins rare que des premières recherches ne l'avaient fait supposer, lorsque l'appât de prix élevés la fait peu-à-peu sortir des fonds de librairies de province, souvent lointains. Il sort aussi des exemplaires de bibliothèques privées gratifiées de dons de l'auteur, alors ignoré, et où ils seraient restés ensevelis sans cette hausse de valeur provocante.

Les *Poèmes dorés* et les *Noces Corinthiennes* d'Anatole France nous serviront d'exemple. Vendues 150 et 125 fr. lorsque la vogue se porta sur cet auteur après le succès si vif du *Crime de Sylvestre Bonnard*, ces recueils retombèrent à 100 puis 75 fr. et même moins par la suite. C'est que l'offre dépassa la demande, quand les amateurs, malgré leur nombre, s'étant tous trouvés satisfaits, de nouvelles propositions furent faites et tombèrent souvent dans le vide.

Bien entendu, il ne s'agit ici que des exemplaires ordinaires et non de ceux qu'enrichit une dédicace ingénieuse ou intéressante, qui prend encore plus de relief lorsqu'elle émane d'un écrivain de tout premier ordre.

Telle encore, l'*Aphrodite* de Pierre Louys, qui, justement exaltée dans un superbe article de Coppée paru au *Figaro* quelques jours après son apparition, voyait ses premières éditions atteindre le prix de 30 fr. et plus. Un an après on en trouvait à 15 et 20 fr. Le motif de cette réaction, injustifiée en apparence, résidait dans cette particularité que les libraires des bains de mer, ignorant cette majoration, avaient renvoyé, comme dépôts in-vendus après la saison d'été, une partie de la première édition qu'ils avaient reçue à l'époque de l'apparition. La valeur de ce livre actuellement, sur papier de luxe, atteint 3 à 400 francs, vu le très petit nombre d'exemplaires qui en existent. Entre parenthèses, signalons qu'un certain nombre d'exemplaires tirés sur papier de Chine, n'ont pas été imprimés en même temps que l'édition originale, mais seulement avec les premiers du second tirage.

Mais plus souvent encore, les réactions de valeurs tiennent à ce que l'œuvre d'un auteur se démode sous l'influence de la disparition de la faveur des lettres et du public, ou parce que cette faveur avait un caractère artificiel.

De la valeur des termes laudatifs employés dans les catalogues des libraires « d'occasion ».

Si on cherche à se rendre compte, à la simple lecture des catalogues des libraires d'occasion, de la relation qui peut s'établir entre la valeur demandée et la rareté d'une édition originale désirée, on peut estimer que les éditions publiées dans la seconde moitié du siècle dernier, et annoncées comme peu communes, doivent être acquises, en moyenne, à leur prix-fort primitif; qualifiées de rares, elles valent le double de ce prix ; de très rares, le quintuple ; et de rarissimes, le décuple et davantage, toujours du prix-fort original. Le tout, bien entendu, est de tenir compte de la tendance plus ou moins laudative du libraire dans la rédaction de ses annotations, avant de faire entrer en jeu son jugement personnel dans l'appréciation de ces cinq catégories de distinction. Le flair, l'intelligence et souvent l'éducation de l'amateur sont appelés, ici, à entrer surtout en ligne de compte.

Les exceptions sont en effet nombreuses. On pourrait même dire, non qu'elles confirment, mais qu'elles forment plutôt la règle générale.

La rareté d'un livre ne sert pas seule, en effet, de base à sa valeur ; il convient aussi de tenir grand compte de sa condition matérielle.

Il est évident que, plus l'édition en est ancienne et sa conservation parfaite, plus elle a eu de peine à parvenir telle jusqu'à nous. Moins de chances on a de la rencontrer à nouveau ainsi, plus sa valeur doit se trouver accrue et moins on doit laisser échapper l'occasion de se la procurer.

CHAPITRE V

De la préférence à donner aux livres brochés.

En vertu de ce raisonnement, il convient de payer le prix le plus élevé pour le volume qui se présente tel qu'il fut publié, c'est-à-dire en parfait état de brochure, frais et, *rara avis*, non coupé ; car c'est évidemment la condition qui présente le maximum de garanties au bibliophile. Avec le livre relié, il y a toujours à redouter quelque anicroche. Le relieur, en le défaisant, peut y découvrir des réparations ou défauts intérieurs, subrepticement dissimulés dans les fonds.

Du danger des mauvaises pliures.

Il importe aussi, si on le peut, de vérifier soi-même l'état de l'exemplaire, et si on se le fait adresser, de faire toutes réserves. Car, ainsi que nous venons de le dire, il est évident qu'un exemplaire non coupé vaut mieux que celui dont les marges l'ont été, même si cette opération, plus délicate qu'on ne croit, a été effectuée régulièrement. Ce n'est point qu'il faille avoir une vénération particulière pour l'exemplaire vierge. Mais, quand on donne ce dernier à la reliure, si ses feuilles ont été mal pliées il est encore loisible de faire disparaître ce défaut. Il ne l'est plus quand les pages ont été mal ou même bien séparées les unes des autres. D'autre part une couverture fraîche, fleur de coin, s'il est permis de s'exprimer ainsi, est évidemment préférable à une autre si peu défraîchie qu'elle puisse être et on a plus de chance de la rencontrer sur un volume dans son premier état.

De la meilleure condition dans laquelle on doit préférer un livre relié.

Les volumes cartonnés, c'est-à-dire reliés à la méthode dite de Bradel, du nom de cet ancien relieur, et surtout complètement non rognés, sont ceux qui offrent à l'acquéreur le plus de sécurité après les livres brochés. Mais il ne faut pas qu'ils soient grecqués, ce dont on s'aperçoit assez aisément, l'ouverture du livre devant pouvoir se prolonger jusqu'à l'extrémité de la marge du fond, jusqu'à la pliure, et laisser voir la couture du feuillet. On sait qu'on appelle grecquage l'opération qui consiste, quand les feuilles d'un livre sont réunies par cahiers et ces derniers assemblés et préparés pour la couture, à inciser leur fond au couteau pour y pratiquer les fentes destinées à faire passer les ficelles, qui doivent servir ultérieurement à la couture des cahiers. Tandis que, pour avoir plus tard une bonne reliure, il faut se contenter de piquer simplement les feuilles et de les coudre ensuite. Le relieur gagne du temps à cette opération dangereuse du grecquage, mais le livre se trouve abîmé quand il devient nécessaire de le relier à nouveau.

Au contraire, piqué et cousu dans une reliure Bradel, non grecquée, le livre se trouve à peine touché. Il reste, à l'état de brochure, bien que protégé suffisamment par son cartonnage. Bien entendu, la couverture et son dos doivent toujours être conservés et les feuilles, ouvertes au coupe-papier de bois, rester intactes et non rognées. La dorure en tête doit être évitée dans ce genre de reliure ; car, si on veut relier à nouveau le livre, il la faut enlever et les pages devant être rognées à nouveau, en tête tout au moins, perdent par suite une partie de leur hauteur primitive. Or les belles marges entrent pour beaucoup dans les beaux livres et contribuent encore plus à relever leur valeur pécuniaire.

Les demi-reliures, toujours non rognées, sont encore acceptables ; elles peuvent et doivent même être conservées, à moins de raisons particulières, surtout quand elles sont contemporaines de l'époque où a paru le livre et proviennent d'ateliers de relieurs réputés pour les soins apportés à la préparation préalable des livres. Même simplement relié dans un habit contemporain de sa publication, un volume bien préparé conserve toute sa valeur. Il présente même un attrait particulier pour les gens de goût. Il peut être relié à nouveau et sortir à son avantage de cette transformation, si on juge l'habit antérieur indigne de sa qualité ou inférieur au rang qu'il a acquis, par la suite, dans la hiérarchie bibliophilique.

Il importe de faire des réserves encore plus
expresses en faveur de la conservation des reliures pleines ou de fantaisie primitives, quand
elles ont été établies par des maîtres ès-reliure.
Leur valeur est même susceptible d'atteindre
son maximum quand elles sont de pur style
romantique. Dans ce dernier cas, sauf vices
provenant d'autres motifs, l'acheteur, si le prix
d'acquet est modéré, peut être rassuré, car il a
fait une excellente affaire. Il est vrai que le
vendeur n'a pas les mêmes raisons de s'en féli-
citer.

A notre avis, un romantique en simple reliure pleine ou en demi-reliure bien conservée,
sans tache ni tare, que ses tranches soient do-
rées ou simplement jaspées, n'a cependant rien
qui nous effraie et son acquisition ne nous paraît nullement chose méprisable. S'il s'y trouve
de plus un envoi intéressant, nous la trouvons
même fort enviable. Nous hésiterions, même le
livre fut-il privé de sa couverture *(horresco refe-
rens)*, à lui préférer un exemplaire banalement
irréprochable. Un *Notre-Dame de Paris*, un
Spectacle dans un fauteuil, une *Lelia*, une *Carmen*, réunissant ces inconvénients et ces avan-
tages, seront toujours des morceaux de choix
prisés des délicats, et seuls les maniaques conti-
nueront à les repousser.

Des couvertures de livres.

Les livres reliés avant 1870 n'ont conservé que fort rarement leurs couvertures ; ce n'était point alors la mode de les garder. Ceux qui les ont conservées sont rares, plus rares encore ceux qui nous sont parvenus brochés, c'est-à-dire dans leur état primitif en condition parfaite. Les premiers, même reliés, ont acquis une plus-value qui, notable d'abord, est devenue fort élevée depuis.

Aussi a-t-on pu avancer cet aphorisme, sans qu'il puisse être taxé de paradoxal : la collection de livres susceptible d'acquérir de nos jours la plus haute valeur, sous le volume le plus restreint, serait uniquement composée des couvertures, en parfait état, des éditions originales les meilleures ou les plus rares, ce qui n'est pas toujours la même chose.

D'où ressort cette conclusion assez bizarre, qu'il convient aujourd'hui, lorsqu'on recherche une édition contemporaine peu commune, de se procurer d'abord le dos de la couverture, ensuite son plat postérieur, et de ne s'occuper enfin du texte du volume que lorsqu'on pourra y réunir le plat supérieur, qui est la plus facile à rencontrer des trois parties qui forment la couverture du livre.

Actuellement, un livre n'est réputé complet que s'il possède la totalité de sa couverture qui se relie avec le volume. La majorité des bibliophiles placent le plat supérieur en tête du volume avant ses gardes originales, et le plat inférieur auquel on laisse adjoint le dos, avant les gardes de la reliure. Dans les exemplaires revêtus de reliure de luxe, la couleur de la couverture ne faisant pas toujours très bon effet à côté de celle des gardes, quand on a négligé, à tort, de les assortir, on la rejette fréquemment tout entière à la fin, toujours avant les gardes. Marius Michel, le maître relieur, est de cette opinion qu'il met en pratique chaque fois qu'il en a la liberté.

CHAPITRE VI

Des tares du papier.

Il n'y a guère à se préoccuper des taches de rousseur ou des piqûres quand les livres sont brochés ou même complètement non rognés. Un bon lavage fait disparaître très aisément ces tares précaires, mais il faut le faire suivre d'un encollage qui empêche leur renouvellement. D'autres taches ou maculations disparaissent également par ees opérations. Mais, au préalable, il est toujours bon de s'assurer de leur nature, car il en est quelques-unes d'indélébiles, ou qui ne peuvent s'enlever qu'au prix de dépenses qui ne sont pas toujours en rapport avec la valeur de l'ouvrage, telles les taches de corps gras.

Les livres rognés peuvent être également lavés ; mais, comme il les faut rogner encore davantage pour les relier à nouveau, leurs marges finissent par devenir trop courtes. Il faut qu'un livre soit réellement introuvable pour qu'on puisse en conseiller l'emplette en tel état. Il faudra s'y décider pourtant quand on sait qu'il n'a été tiré que quelques exemplaires. On en est quitte plus tard, si on rencontre l'exemplaire parfait, pour se défaire de son double, chose toujours possible, sans grand dommage en pareille circonstance.

Il convient ici de mettre les amateurs en garde contre les faux ébarbages, qui consistent à donner à un livre rogné l'apparence d'être ébarbé, en inégalisant des marges déjà rognées. Ce petit truquage est aisé à découvrir, car certains feuillets examinés individuellement conservent leurs marges rognées et les marges faussement ébarbées sont plus courtes que celles des exemplaires intacts.

Des achats chez les libraires dits
« d'occasion ».

On comprend qu'il soit assez peu aisé de se procurer des éditions originales, même non épuisées, dans des conditions de fraîcheur suffisantes, car il en reste fort peu dans ces conditions chez les libraires, ou à défaut chez les éditeurs, eussent-elles été tirées à un nombre élevé. Les libraires de « nouveautés » en conservent cependant quelquefois par précaution. A défaut, on s'adresse aux libraires dits d'occasion. Ces derniers ont, au début, des prix inférieurs à ceux demandés chez les libraires de nouveautés, tant que le livre n'est pas épuisé. Mais, les volumes ayant souvent passé par plusieurs mains, leur conditionnement laisse presque toujours à désirer, sauf dans les maisons de premier ordre mais dont les prix sont naturellement élevés.

De la nécessité de se renseigner
sur les achats.

Pour les publications nouvelles qu'on suppose devoir être promptement vendues, il est prudent de se prémunir à l'avance chez les libraires, qu'il s'agisse d'exemplaires sur papier ordinaire, de luxe, ou sur grand papier.

Pour être prévenu en temps nous ne saurions trop conseiller la lecture de la *Bibliographie de la France*. Si on ne juge pas à propos de s'y abonner, on peut prendre connaissance de cette publication avant la mise en vente, le samedi chez son libraire. On y trouvera l'annonce de toutes les publications littéraires devant paraître prochainement. On évitera ainsi de les trouver déjà épuisées, surtout pour les tirages de luxe effectués à petit nombre, enlevés par des amateurs plus diligents, ou simplement mis en réserve par quelques libraires prévoyants, désireux de s'assurer une probable et fructueuse majoration ultérieure.

Cela assurera la possession d'un exemplaire sur papier ordinaire pur de toute tare. En tardant un peu on risque de ne pas en avoir ou d'être réduit à accepter un volume de second choix, plus ou moins défraîchi, et quelquefois rendu par un acheteur peu délicat. Pour les exemplaires de luxe ou sur grand papier, leur petit nombre augmente encore les chances de les voir vous échapper et d'être obligé de payer une prime pour s'en procurer, prime d'autant plus fâcheuse qu'on aurait pu s'y soustraire avec moins d'insouciance.

Combien de fois, bien qu'averti par l'expé-

rience, cela nous est-il déjà arrivé? Faute, par
exemple, d'avoir retenu, en temps opportun, la
Robe Rouge de Brieux, sur **papier** de Hollande,
chez l'éditeur Stock, nous avons dû la payer
ensuite le quadruple de son prix primitif.

De même, pour avoir tardé à profiter d'un avis
amical de la présence du dernier exemplaire sur
Hollande du *Livre de mon ami*, d'Anatole France,
chez son éditeur, au prix de 12 francs, dûmes-
nous le payer 400 francs, douze à quinze années
après, afin de compléter notre collection des
œuvres de cet auteur aimé, à laquelle il ne man-
quait plus que ce seul volume, d'ailleurs le plus
rare de ses œuvres.

CHAPITRE VII

De l'importance du chiffre de tirage
sur papier de choix.

Les productions des auteurs réputés sont, quelquefois, tirées sur papier de choix à un trop grand nombre d'exemplaires par leurs gourmands éditeurs. C'est le meilleur moyen de tuer la poule aux œufs d'or. Les dernières œuvres de Zola sur papiers de luxe en ont fourni la preuve. On continue à en trouver encore en occasion à des prix inférieurs à ceux d'émission.

Mais quand il s'agit d'écrivains moins célèbres, quoique, nous le répétons, d'un mérite parfois supérieur, le tirage sur papier de luxe ou grand papier est rarement élevé. Il varie entre cinq et vingt exemplaires.

C'est ici l'amateur imprévoyant qui supportera justement les conséquences de son insouciance volontaire ou involontaire. Ces exemplaires à petit tirage sont précisément ceux qui feront plus tard l'ornement d'une bibliothèque, en affirmant le goût et la prescience de son propriétaire. Ils deviennent toujours les plus rares, quand le temps a accompli son œuvre en remettant chacun à sa vraie place. Seul le goût de l'amateur lui aura permis ici d'être du nombre des *happy few*, des rares privilégiés qui auront su devancer le jugement de la postérité en faisant inscrire leurs noms sur la liste des souscripteurs primitifs aux œuvres dans ce cas et se seront attribués ainsi l'enviable réputation de fin connaisseur, de bibliophile d'élite, avec la conscience de l'avoir justement méritée.

Des diverses sortes de papiers de choix.

Nous avons à plusieurs reprises parlé de papiers de luxe, grand papier, etc., nous allons indiquer les moyens de les différencier, cette distinction, quoique très simple n'étant pas toujours très exactement observée.

Les tirages sur papier de luxe ou sur grand papier se font indifféremment sur papiers de Hollande, de Chine ou du Japon. Sous le nom de papier de Hollande, on comprend même un papier de fil français, vélin ou vergé, qui n'est nullement inférieur au premier et lui est quelquefois préférable. C'était celui employé jadis pour tous les tirages sur papier de choix.

On se demande souvent lequel des papiers de luxe est préférable. Suivant nous le Hollande ou papier de fil est le seul qui convienne aux éditions ne contenant que du texte imprimé. Il se conserve assez bien et se nettoie facilement au cas où il survient des taches de rousseur ou des piqûres. D'autre part, comme il est assez rare qu'on ne tire pas d'une édition, à défaut d'autre papier, au moins quelques exemplaires sur ce papier, on a la quasi-certitude de pouvoir collectionner toutes les œuvres d'un auteur sur une même sorte de papier, ce qui est à la fois plus agréable et plus régulier.

Le papier de Chine reçoit mieux les illustrations sur bois imprimées, lithographiées ; il se lave également assez aisément.

Le Japon supporte fort bien aussi les illustrations effectuées par tous les procédés. Mais il se lave mal et ne se nettoie pas du tout que ce soit à la gomme ou par tout autre moyen. Tout au plus peut-on essayer de faire disparaître quelques taches peu importantes en les frottant légèrement en rond avec un petit tampon de linge fin, dont les aspérités font l'office de rape.

Toutefois, certains amateurs négligeant, à tort, ces considérations ne recherchent que la rareté dans une sorte de papier et choisissent celui sur lequel le tirage est le plus restreint. C'est une affaire d'opinion personnelle ; ce n'est point la nôtre.

Des passes.

En plus du tirage officiel, les éditeurs ont droit, pour balancer, disent-ils, la remise du treizième volume par douze pris par le libraire, à un nombre d'exemplaires supérieur au chiffre du tirage annoncé à l'auteur ou au public. Cette passe varie entre 5 et 10 % du nombre des exemplaires annoncés.

Sur les exemplaires de choix, la passe est la même et c'est à cette coutume qu'on doit de voir circuler, tôt ou tard, des exemplaires anonymes, c'est-à-dire non numérotés, et qui sont en surnombre du chiffre de tirage indiqué par l'éditeur. Ces bâtards ne sont pas négligeables, puisqu'ils possèdent les qualités des enfants légitimes surtout quand ils portent un envoi manuscrit de l'auteur ou de l'éditeur. Quand ils sont muets, on pourrait les légitimer, à la rigueur, en y apposant un numéro quelconque *bis,* mais qui risque d'être un *tri,* ou peut-être même un *quater.*

De la question des formats.

Nous allons maintenant aborder la question importante des formats. Elle est un peu devenue la bouteille à l'encre. Fort simple jadis, elle était déterminée exclusivement par le nombre de feuillets, nous ne disons pas de pages, compris dans la feuille d'imprimerie qui, pliée, ne s'appelle plus que cahier. Un feuillet comprend en effet deux pages, une recto, et l'autre verso.

Elle s'est compliquée depuis, à la suite des grands changements apportés dans les méthodes d'impression, et surtout de l'agrandissement des machines typographiques. L'éditeur, pour diminuer ses frais de tirage, a voulu profiter de cet agrandissement, et par suite de la table, ou marbre, qui reçoit les formes de composition, formes comprenant chacune l'ensemble des pages composées destinées à constituer la feuille d'imprimerie.

Pour obtenir ce résultat, et diminuer ses frais de tirage, il lui a suffi d'augmenter le nombre de pages de chaque forme et de les tirer de plus en double. Quatre formes anciennes tiennent ainsi dans une forme actuelle. A cela rien à redire, c'est son droit.

Mais, pour ne pas troubler le public dans ses anciennes habitudes de format, l'in-18 par exemple, il annonce sous cette désignation dans ses annonces et sur ses catalogues, et les libraires font ensuite de même, les in-16, in-12, in-24 ou in-32. Il en résulte, fatalement, une confusion, quand l'amateur veut contrôler les formats d'après les manuels de bibliographie, ou sur le volume lui-même afin d'identifier une édition, ces manuels indiquant les formats exacts suivant les règles anciennes et toujours en vigueur employées dans toutes les grandes bibliothèques.

Déroutés par ces indications erronées, les libraires de nouveauté et d'occasion les négligent bien davantage et se contentent d'indiquer les formats au petit bonheur, suivant les dimensions apparentes des volumes. Ne devraient-ils pas, surtout en occasion, contrôler la dimension réelle des formats qu'ils annoncent, d'après le nombre des pages (et non des feuillets) de chaque cahier, qui se distingue lui-même par le numérotage placé au bas des pages, à droite ou à gauche. Cela seul permettrait aux bibliophiles de contrôler les formats exacts, d'opérer leurs achats sur catalogue privé ou même de vente publique, et d'éviter des erreurs, qui peuvent leur être très préjudiciables. En cas d'indécision beaucoup d'entre eux se voient contraints de s'abstenir, perdant ainsi l'occasion de se procurer un livre rare ou convoité, et celle de fournir au libraire ou à l'expert vendeur un acquéreur, ou, tout au moins, une enchère nouvelle.

Des indications de formats décimaux.

Pour mettre fin à cet état de choses, un congrès d'éditeurs, tenu il y a peu de temps à Leipzig, avait décidé de supprimer l'annonce de formats arbitraires et de la remplacer par celle des dimensions de la page, hauteur et largeur, exprimées en centimètres. Peu d'entre eux appliquèrent cette décision dans les premiers temps, et c'est à peine si quelques uns ont persisté à le faire jusqu'à ce jour. Encore une réforme utile enterrée ! Nous la regrettons d'autant plus que, plus précise que l'indication, même correcte, des formats, elle eût permis aux amateurs, pour les volumes reliés, de s'assurer de l'importance des rognages enlevés par le couteau du relieur, ce qui aurait été pour eux un bien précieux avantage. Enfin, en assurant la notation exacte des dimensions des formats dans la rédaction des catalogues, elle eut supprimé toute cause de confusion.

Du double format dans une même édition.

Une nouvelle cause d'erreur, quand les rédactions de catalogue sont insuffisantes, réside dans le tirage d'une même édition sur deux formats.

Ainsi l'éditeur Jouaust a imprimé une de ses collections les plus recherchées, à la fois sur formats in-16 et in-8. Les in-octavo, plus rares, sont de beaucoup les plus recherchés. En ayant vu un annoncé dans une vente publique de Londres par l'encanteur Sotheby, nous lui donnâmes ordre à un prix déterminé. Quand ce dernier fut exécuté et qu'il eut été livré, nous dûmes le lui retourner. Il avait annoncé des in-8, or le format n'était qu'in-16 et d'une valeur bien inférieure. Les experts français sont moins enclins à pareille erreur, mais nous nous rappelons une vente publique où elle fut également commise et où les acheteurs, bien entendu les seuls présents, en firent leur profit, car le format annoncé était inférieur.

C'est pourquoi il convient, en pareille occurrence, de ne pas toujours se laisser écarter par l'indication d'un format qui peut être inexact, mais de la vérifier à la fois sur le volume, quand cela est possible, et sur un bon ouvrage de bibliographie, et de préciser nettement le vrai format dans sa commande ou son ordre.

Des fausses marges.

Ici se place une question presque connexe à celle des formats : celle des fausses marges. Ces dernières, rares jadis, se sont multipliées singulièrement depuis quelques années. Leur abus est devenu tel que beaucoup de débutants amateurs, mal renseignés, en sont venus à considérer comme une qualité digne de recherche un affreux vice de fabrication. Ce vice provient de la négligence, ou souvent du désir des éditeurs, en s'épargnant la recherche d'un format de papier de luxe convenable, d'éviter de le payer un peu plus, ou de leur désir de réaliser de possibles économies, fût-ce au détriment de la bonne, saine fabrication et présentation du volume.

Il faut ajouter que certains éditeurs, trompés eux aussi et de bonne foi, croient augmenter la valeur de leurs éditions sur papier de luxe en leur donnant un aspect bizarre, anormal et fort incommode qui est seulement de nature à hâter leur destruction, tandis que le bibliophile ne les recherche que pour la retarder.

De belles marges dans un volume, on ne le peut nier, en augmentent singulièrement le charme. Les bons éditeurs de jadis, partageant à cet égard le sentiment des amateurs, avaient contracté, depuis plus de trois siècles, l'excellente habitude de faire tirer un nombre d'exemplaires, la plupart du temps restreint, sur un papier de format plus grand que celui de l'édition ordinaire. Ce papier permettait l'obtention de marges plus larges. Ils y parvenaient en modifiant l'écartement des marges intérieures du fond et la largeur de celles extérieures, mais toujours dans le sens de l'agrandissement. Ces volumes de choix, très souvent destinés à faire des présents aux grands personnages, revêtaient ainsi un aspect noble et imposant. Ils se présentaient sous la forme de superbes in-quarto quand l'édition courante était en in-octavo, ou d'in-octavo quand les exemplaires ordinaires étaient d'une dimension plus réduite. Ils employaient aussi un papier plus fin, et tout cet ensemble caractérisait les *grands papiers* justifiant amplement dans les catalogues d'éditeurs leur désignation : exemplaires de choix.

De nos jours l'expression a continué à être usitée, mais presque toujours à tort, car elle est loin d'être toujours aussi véridique, nos éditeurs l'appliquant indifféremment à deux genres de formats bien distincts, obtenus par des méthodes inégalement onéreuses pour eux.

On va en juger :

Pour qu'un livre puisse être qualifié grand papier, il n'est pas nécessaire qu'il soit tiré sur papier de luxe.

Il est par contre indispensable que *toutes* ses marges soient plus grandes que celles de l'édition ordinaire.

Quand cette condition est observée, quelle que soit la qualité du papier employé, l'exemplaire peut être loyalement indiqué comme étant imprimé sur grand papier.

Au contraire, si les marges de tête et intérieures, du fond de la page, sont les mêmes que celles de l'édition ordinaire, quelle que soit la qualité ou la nature du papier employé, l'exemplaire obtenu peut être dit de choix ou de luxe, mais jamais il ne sera sur grand papier.

La raison en est que, pour obtenir le grand papier, il eut fallu procéder avant tirage à une réimposition par écartement des intervalles ou blancs qui séparent les pages les unes des autres dans la forme d'imprimerie. Ce plus grand espacement ne permet plus de placer, par exemple, que huit pages dans la même forme d'imprimerie qui en contenait douze auparavant, quand le format primitif étant in-douze on désire le rendre in-octavo. Il devient en plus indispensable, pour ce tirage sur grand papier quelquefois très coûteux, de procéder à une nouvelle mise en train. Enfin, il faut doubler la quantité de papier employée à produire un même nombre d'exemplaires. Le nombre des exemplaires tirés dans ces conditions étant toujours limité par leur prix de revient plus élevé, ce dernier se trouve forcément majoré à la vente. Il l'est encore davantage si le tirage a lieu, comme c'est le plus souvent le cas, pour en accroître la recherche bibliographique, sur papier de luxe, fil, Hollande ou Japon.

En employant ce même procédé, on porte ainsi le format in-8° à l'in-4°, celui de l'in-4° à l'in-folio et ainsi de suite. L'in-quarto devient alors le « grand papier » de l'in-octavo et ainsi de suite pour les autres formats.

Ces frais de réimposition sont assez élevés pour qu'un volume à 3 fr. 5o, dont les papiers de Hollande se vendent 1o francs, voie sa valeur portée sur grand papier à 20 francs, 3o francs et même davantage quand il n'est tiré qu'à une cinquantaine d'exemplaires. Si ce tirage est réduit de moitié, la dépense restant à peu près la même, le coût de fabrication de chaque exemplaire se trouve doublé. Mais, grâce à ce débours, l'amateur peut se targuer de posséder alors un véritable livre de bibliophile, un grand papier qui, tout en gardant son caractère d'édition originale, diffère absolument de l'exemplaire de l'acheteur ordinaire, tant sous le rapport de la beauté de la forme, que sous celui, non moins prisé, de la rareté.

L'éditeur désire-t-il au contraire obtenir des exemplaires sur papier de choix ou de luxe,

sans s'astreindre à tout ce cortège d'opérations
coûteuses ? Il lui suffit de faire interrompre le
tirage sur papier ordinaire et de faire passer sous
la presse le papier choisi, Japon, Chine ou Hollande, en resserrant ou en desserrant les vis du
cylindre de pression pour s'épargner une mise
en train, suivant le nombre, la qualité ou l'épais-
seur de ces papiers. La plupart du temps, l'imprimeur, non surveillé, néglige même cette
simple précaution. Cela explique pourquoi certains exemplaires de luxe sont moins bien tirés
que les ordinaires. Enfin, aussi, on les tire après
l'achèvement du tirage courant, cause de nouvelles tares : lettres cassées, écrasées, tombées ;
tares qui ne se remarquent pas, et pour cause,
dans la plus grande partie des tirages sur papier
ordinaire qui les ont occasionnées.

Pour nous faire mieux comprendre, citons l'é-
dition originale des *Trophées* de Heredia, parue
chez l'éditeur Lemerre. Tous les grands papiers
de luxe, Whatman, Japon, Chine ont été tirés en
format in-octavo. L'édition ordinaire a, un peu
plus tard, paru en format in-12 et l'éditeur en a
fait tirer des exemplaires de luxe, sur mêmes
papiers. Ce ne sont pas ces derniers qui ont
acquis la plus forte majoration réalisée par cette
édition, mais les seuls exemplaires sur grand
papier, c'est-à-dire ceux tirés in-octavo. Ces derniers valent actuellement de 2 à 300 francs.

Les véritables « grands papiers » n'ont presque jamais ces fausses marges si haïssables et si on n'a pu les éviter complètement, il est exceptionnel qu'elles soient exagérées.

Les volumes dits de luxe, imprimés sur des papiers autres que ceux de l'édition ordinaire, sont uniquement ceux donnant lieu à une exagération ridicule de marges, qui donne aux volumes le hideux aspect de blocs carrés ou oblongs. Ces blocs ont l'inconvénient, brochés, de s'opposer au placement sur les rayons à côté des livres du même format. Reliés, ils sont encore plus affreux. Tant que ces fausses marges n'ont pas dépassé les limites raisonnables, certains bibliophiles les ont maintenues, même après reliure, dans leur respect profond du livre et de son intangibilité. C'est ce respect qui a trompé certains éditeurs qui, se méprenant sur ses causes, en ont cru, à tort et nous ne cesserons de le redire, que ces marges disproportionnées étaient agréables aux bibliophiles. Cette conviction leur est venue d'autant plus aisément qu'elle s'accordait avec leur intérêt, et leur évitait la recherche d'un papier de luxe d'un format susceptible de se plier à celui de l'édition, quand ils ne le trouvaient pas en papier à la forme d'usage courant. Ils évitaient ainsi d'en faire fabriquer, bien que le sacrifice fut très faible.

Il est nécessaire de mettre fin à cet état de

choses et d'essayer, tout au moins, de prévenir amicalement de leur erreur les éditeurs consciencieux.

Nous ne doutons pas d'y parvenir si les bibliophiles, premiers intéressés, veulent ne pas se lasser de signaler ce vice à leurs libraires qui sauront bien en aviser messieurs Qui-de-droit. Ils le feront avec d'autant plus d'empressement, que ces fausses grandes marges leur font manquer quelques ventes lucratives que ne remplacent pas les achats de quelques bibliomanes vicieux, désireux d'enlaidir leurs exemplaires sur papiers de choix d'aquarelles fabriquées à la grosse par des artistes d'un ordre inférieur, à quelques exceptions près. Le remède est donc à la portée des amateurs, s'ils veulent bien se donner la peine de l'employer en faisant trève à une inertie regrettable.

Dans aucun cas, la fausse marge ne doit comporter un écart de plus de 2 à 3 millimètres avec la vraie. Tout excédent doit être ébarbé impitoyablement par le relieur, afin de permettre au livre de reprendre sa forme normale.

L'excédent gênant du papier doit être supprimé en le séparant avec une ficelle ou un couteau ébréché, en bois de préférence, de façon à conserver des vestiges de fausse marge, si on y tient absolument. C'est un petit truquage, mais il est légitime et bien innocent.

Concluons derechef : un vrai et pur bibliophile ne peut et ne doit pas tolérer dans sa bibliothèque cette monstruosité qu'on appelle des fausses marges, autrement qu'à titre temporaire. Seule, la passivité des bibliophiles a pu être interprétée par quelques néophytes comme une invitation à accepter et même rechercher cette tare honteuse et à la considérer comme une marque de bon goût.

CHAPITRE VIII

De l'édition « à la faute ».

Quand en cours de tirage, il a été commis, une ou plusieurs incorrections, le fameux paradoxe de l'édition *à la faute,* cher aux amoureux du livre, prend alors toute sa valeur. Si elles ont été corrigées, les exemplaires, souvent peu nombreux, tirés avant la correction se trouvent plus recherchés que ceux où elle a été effectuée. Est-il question d'un auteur devenu tardivement célèbre, et d'une édition parue depuis nombre d'années, la chasse n'en devient que plus animée, l'indifférence des premiers lecteurs ayant déterminé et souvent avancé la destruction des quelques bienheureux exemplaires défectueux.

C'est à une particularité de ce genre, bien qu'un peu différente, qu'est attribué le prix élevé atteint par l'édition princeps du *Crime de Sylvestre Bonnard*, d'Anatole France. Cette fois la correction n'a pas été faite au tirage du texte, mais à celui d'une couverture fautive qui est de nuance bleue verdâtre. La faute consiste, on le sait, dans l'omission du sous-titre « Membre de l'Institut ». Cette couverture erronée fut enlevée de tous les exemplaires non encore livrés et remplacée par une autre de couleur jaune rectifiée. En arrachant d'ailleurs cette dernière, on voit paraître souvent sur son dos, les vestiges de l'ancienne couverture bleue.

Cette seule particularité a relevé le prix du simple volume de 3 fr. 5o à 200 fr. en moyenne, suivant son état de conservation. Il tend cependant un peu à fléchir, le nombre des exemplaires offerts qui présentent cette particularité augmentant peu-à-peu, comme c'est toujours le cas quand il ne s'agit pas de ceux tirés sur papier de luxe à un nombre déterminé, et que le cours élevé réalisé fait sortir les défectueux exemplaires de leurs cachettes. Ils restent cependant rares, en très bon état.

De la date des éditions.

Les amateurs sont souvent assez embarrassés à cet égard.

Le titre intérieur d'un livre indique quelquefois une date, tandis que la couverture porte celle de l'année suivante. Il en est ainsi de l'édition de *Germinie Lacerteux*, des frères de Goncourt. Les libraires, plutôt que de consulter leurs manuels bibliographiques et pour se mettre à couvert d'une erreur possible, prennent soin d'indiquer dans leurs catalogues les deux dates, et l'acheteur se trouve induit à croire par cette réserve, que la couverture n'est pas de bonne date. Cette différence provient de ce que la couverture est imprimée parfois chez un autre imprimeur que celui du texte. Ce dernier tiré et ses feuilles assemblées, il devient seulement possible de régler la largeur du dos et d'établir sa couverture. Celle-ci, surtout si elle est imprimée dans les derniers mois de l'année et si le volume n'est, fréquemment, mis en vente que l'année suivante, ne porte que cette dernière date, afin d'éviter que les acheteurs ne croient le livre publié depuis déjà un certain temps. Ce qui vaut mieux d'ailleurs que de ne pas le dater du tout, comme le font depuis quelque temps certains éditeurs tels que Flammarion, Hetzel, Calmann-Lévy, etc.

Lorsqu'une difficulté de ce genre se produit, on la résout généralement en consultant les manuels de bibliographie ou la *Bibliographie de la France*, qui indiquent la date d'apparition. Mais il ne convient pas de s'en rapporter exclusivement aux indications de cette dernière, les livres annoncés ne paraissant pas toujours bien exactement aux jours indiqués.

Il est rare que les éditions pouvant être confondues avec l'original s'il en existe, ne présentent pas quelque particularité différente, soit sur la couverture, soit dans le texte : changement de nom d'imprimerie, numéro d'ordre, caractère ou filet abîmé qui était intact dans l'édition originale, qualité ou nuance de papiers, etc.

Le *Manuel de l'amateur de livres du xix° siècle*, de M. Georges Vicaire, est précieux à consulter à cet égard, car il signale un grand nombre de ces remarques. Il en est d'autres qu'un amateur perspicace sera fier de découvrir lui-même à force d'attention.

Enfin à défaut d'une indication précise de ce genre, il est utile de comparer un volume de l'édition primitive avec celui de l'édition douteuse et on arrive, assez fréquemment, à tirer la chose au clair.

Des titres nouveaux ou renouvelés.

Il convient de se défier des livres reparaissant sous un titre différent de leur précédent. Le premier paru caractérise seul l'édition originale. Mais, si sous le second titre l'édition nouvelle renferme des textes inédits, il est évident qu'il y a également lieu de la rechercher, car elle constitue une seconde ou même troisième édition originale. C'est ce qui s'est produit pour *le Rosier de Madame Husson*, de Maupassant. L'édition originale éditée chez *Quantin, Compagnie générale d'impression et d'édition*, sans date [1888], in-4°, ne contient que cette seule nouvelle. Celle publiée même maison, même année, en format in-18, *Librairie moderne,* contient en plus treize autres nouvelles inédites. Même chose est advenue pour *Mademoiselle Fifi*, parue primitivement chez Kistemaecker, à Bruxelles, en 1882, et pour sa réédition de 1883, sous le même titre cette fois, chez Victor Havard. Elle renferme sept nouvelles inédites supplémentaires.

Les *Lettres de ma Chaumière*, d'Octave Mirbeau, 1886, chez Laurent, contiennent plusieurs nouvelles qui ne sont pas dans les *Contes de la Chaumière*, 1894, de la petite *Bibliothèque Charpentier ;* mais cette dernière renferme trois nouvelles absentes de l'édition précédente. Le titre a été ici un peu modifié.

Plus rarement un auteur publie des ouvrages différents sous un même titre et à des époques différentes. C'est ce qu'a fait M. Jules Renard avec les éditions successives de son *Le Vigneron dans sa vigne*, qui constituent des volumes tout à fait distincts et dont la matière est entièrement originale.

Des éditions authentiques.

Quelquefois encore, l'auteur indique lui-même une édition nouvelle comme étant la seule qu'il reconnaisse comme authentique. Elle n'en devient pas originale pour cela. M. Léon Bloy a pris soin de nous dire, notamment, qu'il n'avoue comme correcte que l'édition postérieure du *Désespéré* parue chez *Soirat*. Celle publiée antérieurement chez *Tresse* en 1887, n'en reste pas moins la seule qui puisse être considérée comme originale. D'un pareil embarras, le collectionneur se tire aisément. Il achète les deux éditions. Il est d'autant plus fondé à agir ainsi qu'elles présentent des différences de texte presque toujours très appréciables et qu'à la fiche de la seconde on peut joindre l'annotation « la seule authentique et reconnue par l'auteur ».

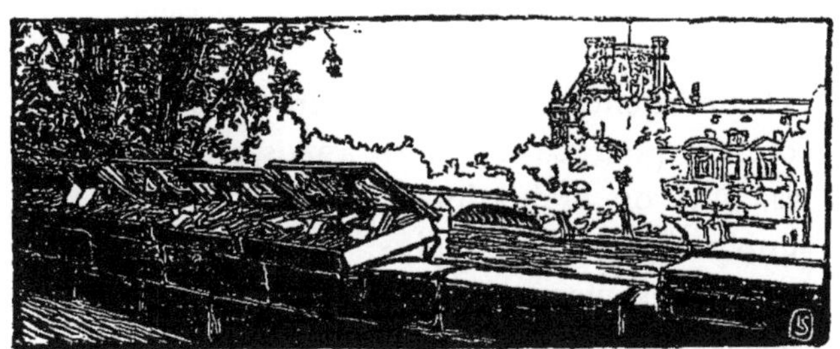

CHAPITRE IX

Des livres aquarellés, etc.

Cette question se trouve un peu liée avec celle des fausses marges des livres sur laquelle nous nous sommes longuement expliqué plus haut.

Quelques rares amateurs ou plutôt bibliomanes, car ils ne sauraient prétendre au beau titre de bibliophiles, recherchent les livres qui offrent des marges étendues, et voire même ceux pourvus de marges disproportionnées.

Leur intention est de les faire illustrer ou décorer et pour ce d'y faire apposer des aquarelles, plus ou moins intéressantes, avec l'excuse, supposons-nous du moins, de dissimuler ainsi les fausses marges sous de plus ou moins copieuses illustrations.

Quelle illusion ! Ils rendent en effet irréparable un vice auquel il était encore loisible de porter remède antérieurement.

Nous allons éclaircir cela plus en détail.

La mode des livres aquarellés est, à relativement parler, assez récente. Les anciens amateurs se bornaient en effet, à faire aquareller ou gouacher les gravures tirées en noir, imitant en cela les imprimeurs primitifs, qui, mais pour une raison différente, faisaient colorier leurs impressions afin de mieux simuler l'aspect des manuscrits, qu'ils cherchaient en ces temps anciens à supplanter, en les écoulant à meilleur compte (Pigouchet, Simon-Vostre, etc.).

En principe, nous ne désapprouvons pas absolument cette façon d'augmenter l'intérêt d'un ouvrage, sans toutefois en être partisan pour notre propre compte. Mais il y a la manière. L'amateur, en faisant orner ses éditions originales de compositions appropriées à leur sujet par des artistes de talent, cherche à en augmenter l'attrait, à les rendre plus séduisantes. Ces illustrations, quand elles sont exécutées à l'appa-

rition du livre ou pendant les années qui la
suivent, offrent le grand avantage d'être contemporaines de sa publication, quelques années
de plus ou de moins ne comptant guère. C'est
un mérite, quand les volumes ainsi parés traitent des sujets contemporains.

De ce qu'il ne faut pas faire en tant que décoration de livre.

Mais que d'abus commis sous l'empire de cette
mode ! On s'adresse à des artistes secondaires ou
inférieurs, dont le talent, ou son absence, ne convient pas à la tâche qui leur est confiée. On dé-
veloppe intempestivement la décoration de livres qui ne la comportent pas ; son importance
dépasse celle qu'il conviendrait de lui attribuer.
Enfin les emplacements à illustrer sont plus ou
moins bien choisis.

La question première à se poser avant d'illustrer un livre est, avant tout, si son sujet s'y
prête bien. Puis, il faut découvrir l'artiste dont
le talent lui conviendra le mieux et s'assurer,
au préalable, qu'il saisit bien le travail qu'on lui
demande, travail qui doit d'abord ne pas contra-
rier l'aspect typographique du livre, mais s'y
marier, et non l'annihiler, ni le détruire, ou
tout au moins ne pas l'apetisser.

Si le livre est déjà illustré par son éditeur, il y a toujours svantage à s'adresser à l'artiste qui a été chargé de l'illustration. Mieux qu'un autre, il apprécie ce qu'il peut ajouter pour parachever son œuvre ou, tout au moins, ne pas la restreindre. A défaut il est souvent préférable de s'abstenir, car, sauf des cas exceptionnels, le résultat d'une telle méprise est atroce et l'erreur se change aisément en horreur.

Si une édition originale a quelque valeur avant l'aquarellage, elle la perd évidemment après si ce dernier se résume par un échec, même partiel.

Quand l'ornementation est marginale, il n'y a plus de remède, car celle-ci couvrant à la fois la fausse marge et la vraie, elle est impossible à supprimer. Le livre est gâché, l'est irrémédiablement.

Ces aquarelles marginales ont, d'ailleurs, un défaut capital, défaut qui en vicie le principe même. Disposées, la plupart du temps, sur les côtés extérieurs des pages, qui sont ceux offrant le plus d'espace libre, à moins d'être l'œuvre des très rares artistes ayant le sens de la typographie, elles déséquilibrent les pages et leur donnent un aspect désagréable. Elles les démolissent.

Quand elles figurent sur les fausses marges, c'est encore pis. N'étant pas préservées du contact de la lumière et la poussière s'y infiltrant fatalement, avec la plus grande facilité, entre des feuillets qui ne se trouvent plus comprimés par la brochure et plus tard par la reliure, elles se trouvent sans défense contre ces causes de destruction. L'effet en est néfaste sur les coloris. D'autant plus qu'il ne s'exerce pas, ou dans la même proportion, sur les parties protégées des vraies marges. La décoration se trouve ainsi divisée en deux tons différents par une ligne nettement indiquée par le commencement des fausses marges. Cela devient ignoble en quelques années.

On peut se montrer plus indulgent pour le décor disposé sur les pages de garde, autour du faux-titre, des frontispices, dans l'intérieur des volumes sur les pages blanches ou sur tout autre emplacement libre (titres, fins de chapitre, etc.), surtout s'il ne dépasse pas, ou de très peu, ce qu'on appelle la justification, c'est-à-dire le rectangle constitué par le texte imprimé. Parfois des exceptions à cette règle sont même d'un effet heureux, mais il est indispensable, avant toute chose, qu'elles soient aménagées par des hommes de goût et se rendant compte du respect qu'ils doivent à la tache noire que constitue le texte, et à la forme du livre.

Le malheur est que tout artiste se croit homme de goût et que le bibliophile ne l'est pas toujours assez pour l'arrêter quand il se trompe. Heureux encore lorsqu'il ne l'y incite pas.

Conseils pour la décoration des livres.

Voici ce que nous conseillerions pour rendre le mal moindre :

S'assurer d'abord que le sujet se prête à l'illustration ou à la décoration et, dans l'affirmative, réfléchir à l'importance à leur donner. Doit-elle être discrète ou relativement abondante? L'abondance ne doit pas se changer en exagération.

Choisir l'artiste dont les aptitudes et le talent semblent le mieux s'indiquer, après s'être convaincu au préalable, qu'il a su lire et *comprendre* le livre, précaution indispensable, et dont l'omission amène, infailliblement, les plus tristes conséquences.

En discutant avec lui le genre et le développement à donner à l'illustration, le prier de prendre en sérieuse considération la forme et la coupe typographiques du livre. Si ce dernier est divisé par chapitres, ou parties séparées, comme dans les livres de nouvelles, à la rigueur, se contenter des séparations naturelles : les commencements de chapitres pour des en-têtes, leur fin pour des culs-de-lampe. Veut-on l'étendre davantage, on pourrait se servir des versos laissés en blanc, précédant les titres de chapitre ou de nouvelles, quand il y en a.

Quand le texte se suit sans interruption, il ne reste de disponibles que les marges. Mais avec combien de modération les faut-il employer? En empiétant sur les fausses marges, on pourrait, à la rigueur, les plier en reliant le volume, si leurs dimensions sont trop larges et si le papier supporte cette opération, certaines sortes étant exposées à la cassure. Cela n'empêcherait nullement la suppression des autres fausses marges restées vierges.

Mais ce qui nous paraît de beaucoup préférable, c'est l'adoption d'un système de décoration plus sobre, quoique tout aussi riche, sinon plus riche, Il consiste à encarter dans le volume des pages blanches supplémentaires collées ou, de préférence, montées sur onglets et qui recevraient des illustrations à pleine page, sur leur recto.

De l'achat des papiers pour la décoration supplémentaire des livres.

Rien de plus aisé à réaliser. A moins que l'édition remonte à dix, quinze ans ou davantage, il est facile, pour des exemplaires ordinaires, de se procurer un papier semblable à celui qui leur a servi. Pour les papiers de luxe, cela est encore plus simple. Sauf d'infimes exceptions, et qu'ils ont d'ailleurs bien soin d'indiquer, les éditeurs ne se servent que de sortes de papier employées couramment dans le commerce. Celles-ci, neuf fois sur dix, proviennent de trois fabriques ou maisons, dont on trouvera les adresses ou celles de leurs dépôts au Bottin. Ce sont : les manufactures d'Arches, de Rives ou du Marais, pour les papiers de fil vergés ou vélins, mécaniques ou à la forme, désignés sous le nom générique de Hollande par les éditeurs ; les maisons Renaud-Texier et Cie et Perrigot-Masure, pour les véritables papiers de Hollande ; Van Gelder et Whatman, pour les papiers du Japon et de Chine.

En examinant, par transparence, le filigrane ou marque du papier de fil ou de Hollande du volume, on sait immédiatement à laquelle de ces maisons on doit s'adresser pour trouver un papier semblable, de même force et qualité, ou, ce qui n'est point un mal, un peu plus épais.

Si le papier utilisé a été fabriqué spécialement pour une édition, l'éditeur ne refuse jamais de vous en céder quelques feuilles, quand il connaîtra l'emploi que vous leur réservez, à moins, cependant, que son stock n'en soit épuisé.

Des précautions à prendre pour le papier employé.

Une fois arrêté le nombre des illustrations, leur emplacement, leur sujet, il faut faire coller le papier s'il ne l'a déjà été. Pour s'en assurer, il suffit de mouiller légèrement un des coins avec la salive. Si le papier **en** aspire peu ou prou, c'est qu'il a besoin d'être plus ou moins collé, ce **qui** se fait chez des laveurs de papiers connus de tous les libraires ou chez les satineurs. Les vendeurs du papier s'en chargent aussi par complaisance. Ce travail a pour but d'éviter ultérieurement les piqûres ou les taches de rouille, et d'empêcher les couleurs d'être bues par le papier ou de percer au travers.

Des décorations manquées.

Ceci fait, il ne reste plus à l'artiste qu'à se mettre au travail et à vous soumettre ses croquis, puis ses premiers essais. Si ceux-ci vous donnent satisfaction, rien de mieux : il continue. Si la réussite est douteuse, il recommence, car il faut toujours vous réserver autant que possible le droit de refuser toutes les pièces manquées ou déplaisantes. Si vous trouvez que l'artiste n'arrive pas à réaliser ce que vous attendez de lui, il ne vous reste plus qu'à lui retirer le travail en sacrifiant ce qui est fait. En agissant de la sorte au moins n'aurez vous point compromis votre précieuse édition originale par une illustration mal réussie. Vous en serez quitte pour recommencer avec un autre artiste plus heureux ou comprenant mieux les intentions de l'auteur du livre et celles de son propriétaire.

L'illustration réussie.

L'illustration complète et réussie, le relieur débroche votre volume, y place au moyen d'onglets chaque page de décoration à l'endroit où elle doit figurer, en frontispice, la première, avant le titre ou au verso ou en face, les autres, dispersées, au recto, dans l'intérieur du volume.

Autant que possible, disons-le une fois de plus, l'aquarelle doit avoir des dimensions se rapprochant de celles du rectangle imprimé de la page, afin de conserver des marges suffisantes pour la faire valoir. Si elle est un peu plus grande, cela peut se faire néanmoins. Plus petite, on a la faculté de la ramener aux dimensions de cette page imprimée, si on croit obtenir un meilleur effet, en l'entourant d'un encadrement de la grandeur du texte imprimé.

Si le volume est relié, au lieu de placer les pages d'aquarelles sur onglet, le relieur les colle légèrement à leur place. On peut les protéger par des feuilles de papier de soie collé.

En agissant de la sorte on peut multiplier les illustrations sans nuire à la tenue générale du volume, sans toucher à ses marges réelles, et supprimer les abominables fausses marges devenues sans utilité.

Généralement, les aquarelles font meilleur effet sur les papiers de fil ou de Hollande, Whatman et du Japon. On peut également se servir des mêmes papiers pour les dessins aux crayons noirs, durs et fins ou mous. Les pastels sont mieux sur les papiers du Japon que sur ceux de Chine ; le ton blafard de ce dernier communiquant, presque toujours, un accent criard aux couleurs.

Quand l'édition originale est illustrée en noir seulement, on peut obtenir un agréable résultat en la coloriant plus ou moins. Mais il est presque indispensable, pour ce travail, d'avoir recours à l'auteur des illustrations, le mieux qualifié également pour y adjoindre les aquarelles supplémentaires.

CHAPITRE X

Du choix pour l'établissement d'une collection.

Comment composer une collection d'éditions originales contemporaines?

Pure affaire d'opinion et de goût évidemment !

Cependant on peut admettre, en principe, que cette collection, pour être logique, doit avoir pour base les œuvres des auteurs servant de point de départ à notre littérature contemporaine. C'est désigner incontestablement celles du début du siècle qui vient de se clore, et même quelques-unes des dernières années précédentes A notre sens, les œuvres majeures de Jean-Jacques Rousseau, le Paul et Virginie de Bernardin de Saint-Pierre, d'André Chénier, les premières productions de Chateaubriand, marquent assez nettement le point de transition entre notre littérature et celle du précédent siècle.

Négligeant donc les attardés de la période classique, il convient de commencer à recueillir les œuvres principales des précurseurs que nous venons de citer. Puis il faut passer aux romantiques de premier et de second rang.

On choisira ensuite parmi les parnassiens et les réalistes ; on continuera par les naturalistes, symbolistes-décadents, spiritualistes et on clôturera enfin, par les œuvres les plus saillantes des auteurs encore vivants et leur totalité si le collectionneur le désire.

On se demande fréquemment s'il convient de s'attacher de préférence à réunir des séries complètes d'auteurs déterminés, ou à grouper un choix raisonné parmi leurs productions. Si vos moyens vous permettent de faire la série complète de tous les auteurs, une collection ainsi formée sera évidemment fort intéressante, mais bien étendue. La nôtre comprend au moins 3.000 titres et elle est loin d'être complète, heureusement !

Mais si votre collection doit être partielle, il est infiniment mieux qu'elle soit choisie et il convient d'élire les œuvres, d'abord d'après leur importance littéraire, puis d'après leur rareté, en s'attachant, autant que faire se pourra, à combiner les deux.

On a des chances d'obtenir ainsi le maximum d'intérêt.

Le sacrifice pécuniaire sera plus ou moins important. Mais il sera aussi plus facile à récupérer, au cas où des circonstances imprévues vous obligeraient ultérieurement à réaliser votre bibliothèque. Les livres les plus chèrement payés, par un amateur s'y connaissant, sont presque toujours ceux qui lui reviennent le meilleur marché, car ils comportent les pertes les moins sensibles. C'est même sur eux qu'il rencontrera le plus de chances de réaliser une plus-value qui l'indemnisera des mécomptes inévitables sur les autres.

Des envois d'auteur et de l'adjonction de pièces manuscrites.

S'il est incontestable qu'une bibliothèque établie sur ces données offre un vif intérêt, combien ce dernier ne se trouve-t-il pas accru si on peut parvenir à adjoindre aux principaux volumes, sinon à la totalité des livres qui la composent, des pièces autographes ou autres. Celles-ci leur font perdre leur caractère impersonnel, pour lui substituer un autre où votre goût et vos soins laisseront subsister des traces de votre possession passagère, si éphémère ait-elle pu être ?

Il n'est point difficile de se procurer un livre fût-il rare et coûteux. Mais il faut déjà se donner une certaine peine, et à ce titre méritoire, pour parvenir à en augmenter l'attrait en y enclosant un document se rapportant plutôt plus que moins directement, au livre, à son sujet, ou à celui qui l'a écrit.

C'est à ce louable souci qu'il est permis d'attribuer la demande de plus en plus grande de documents ou éléments originaux ayant trait à ces préoccupations ou même à l'établissement matériel du volume en question.

Déjà nos prédécesseurs en bibliophilie se sont montrés friands des exemplaires enrichis d'envois d'auteurs, d'ex-dono ou d'annotations émanant de leurs auteurs, ou des célébrités de leur temps et même postérieures.

Nul n'ignore quelle valeur morale et matérielle confère à un volume, déjà précieux par lui-même une simple signature de Rabelais ou de Molière, pour ne citer que ces deux noms.

Nos contemporains se montrent encore plus âpres dans cette poursuite.

Ils adjoignent volontiers à une édition princeps, même déjà ornée d'un envoi autographe plus ou moins intéressant de l'auteur, son portrait ou des illustrations se rapportant à sa personnalité, une lettre autographe, voire même une ou plusieurs pages du manuscrit original du livre, et en général toute pièce ayant trait au livre. Ils les y encartent pour y être liés définitivement par la reliure.

Il convient de les insérer soit au début du volume, s'il s'agit d'un portrait ou d'une simple lettre, soit à la fin, si les documents sont plus volumineux. Ces annexions, d'un intérêt souvent très vif, donnent une valeur bibliophilique incontestable et quelquefois incalculable aux exemplaires qui les enferment. Elles rendent le grand service d'assurer la conservation de documents qui peut-être seraient égarés ou perdus sans cette précaution. Ils permettent enfin au bibliophile de faire acte d'initiative personnelle et de faire augurer favorablement aux futurs possesseurs des livres, ainsi enrichis dans toute la force de ce terme, de l'intelligence, du bon goût et de l'esprit de leur prédécesseur.

CHAPITRE XI

Des extraits de revue et de leurs tirages à part.

Comme complément à une bibliothèque d'éditions originales, un certain nombre d'amateurs, cédant à la préoccupation littéraire qui doit toujours dominer dans la constitution d'une collection de ce genre, rassemblent également certains périodiques contenant des écrits littéraires des auteurs contemporains les plus réputés, qu'ils aient ou n'aient pas été recueillis en volume.

Etant admis ce principe que l'édition originale est recherchée surtout comme première forme d'un texte, on ne pouvait négliger le périodique où ce texte a paru souvent sous une forme différente et permettant des comparaisons empreintes d'un intérêt indiscutable. Les revues n'ont qu'un défaut, c'est d'être un peu encombrantes, sauf pour le bibliophile qui dispose de quelque place. Les prix auxquels on peut se les procurer sont encore fort raisonnables aujourd'hui.

A plus forte raison doit-on accueillir les extraits de ces revues qui constituent des documents littéraires de premier ordre. Ainsi on ne peut nier l'intérêt d'un recueil des livraisons de la *Revue de Paris* consacrées à la première version châtrée, et combien ! de *Madame Bovary*, de Gustave Flaubert, ou de la *Nouvelle Revue,* qui publia premièrement le *Crime de Sylvestre Bonnard*, d'Anatole France. Ces deux revues et la *Revue des Deux Mondes* contiennent une foule de publications de ce genre ; les petites revues littéraires, qui ont fourmillé depuis la guerre, enferment de précieuses révélations du même genre, notamment le *Mercvre de France*, qui nous offre la première version d'*Aphrodite*, de Pierre Louÿs, parue toutefois sous un titre différent.

Si ces extraits présentent de l'intérêt, il est encore dépassé, bibliophiliquement parlant, quand l'auteur s'est donné la peine de les faire précéder d'une couverture, d'un titre et d'une pagination spéciale. La voilà, cette fois, la véritable édition originale tirée à très petit nombre pour les amis de l'auteur et mise hors commerce. Elle constitue une curiosité littéraire de tout premier ordre, dont la valeur n'a pas encore été appréciée suffisamment. Nous avons conseillé même, pour la distinguer de l'édition originale parue en librairie, de l'appeler : édition pré-originale, et cette désignation paraît avoir fait fortune.

Enfin certains journaux ont eu, assez fréquemment, l'attention de faire tirer à part, pour l'offrir à leurs nouveaux abonnés, la réunion en volume de feuilletons déjà parus dans leurs colonnes. Quand ces tirages portent sur des œuvres d'auteurs de premier ordre, on ne peut nier qu'ils ne constituent aussi des documents très désirables. Ils sont généralement devenus fort rares, les bénéficiaires ne les ayant presque jamais conservés. L'*Eldorado*, de Gautier, publié par le *Figaro* dans ces conditions, vaut 200 fr. en bon état, et nous sommes surpris de la valeur modeste qu'on attribue aux publications similaires faites d'œuvres de Guy de Maupassant : *Une vie*, par exemple, son chef-d'œuvre ; de Zola, etc... Ce sont des curiosités bonnes à prendre et à garder pour un bibliophile.

Des manuscrits originaux.

Le comble de l'édition originale s'il est permis
de s'exprimer ainsi, est sans aucun doute, le manuscrit de l'auteur, car il n'en existe qu'un seul
exemplaire, à moins que l'écrivain n'en ait
gardé devers lui des copies, ou des *monstres*
encore plus intéressants, car il est rare qu'une
copie autographe ou même manuscrite ne diffère
pas d'une autre, antérieure ou postérieure.

Il convient donc, toujours dans le même ordre
d'idées, de collectionner les manuscrits des éditions originales. Mais c'est là une denrée fort
prisée maintenant dans le commerce et quelque
peu rare. La plupart des manuscrits sont conservés par leurs auteurs, qui les lèguent ensuite soit
à leur famille, soit à leurs amis, soit à des bibliothèques publiques.

Beaucoup d'autres, publiés préalablement dans
des périodiques, constituent de la copie, pour
employer le mot technique qui sert à les désigner, détruite au fur et à mesure avec celle du
journal.

Enfin, la machine à écrire est venue encore
restreindre le nombre de ces manuscrits, qui
ne passent plus dans les imprimeries qu'à l'état
d'épreuves, quelquefois corrigées de la main de

l'auteur. Ce n'est plus que de la poudre de manuscrit original. Il est vrai que, dans ce dernier cas, l'auteur a souvent gardé la copie autographe.

Pour tous ces motifs, les manuscrits littéraires contemporains se raréfient de plus en plus et tendent conséquemment à obtenir des prix de plus en plus élevés.

Il serait même nécessaire, dès à présent, de conserver, sous la forme de découpures les extraits de feuilletons de journaux ou de revues, version première et véritablement originale de nombre d'œuvres littéraires. On n'imagine pas quelle difficulté on éprouverait déjà à réunir, par exemple, l'œuvre de Maupassant parue dans la presse périodique. Cette tâche ingrate a été réalisée récemment à propos d'une récente édition complète de ses œuvres. Elle a été fort délicate. Nous nous permettrons même de dire qu'elle n'a pas fait la preuve de beaucoup de délicatesse littéraire de la part de son auteur qui s'est laissé aller à confondre, dans un but de lucre, les œuvres publiées de son vivant par l'auteur avec celles qu'il avait jugées lui-même moins dignes de lui faire honneur, en renonçant à leur reproduction en volume. On aurait dû au moins les publier isolément, pour éviter une confusion préjudiciable à la mémoire du défunt, bien que l'auteur n'était pour rien dans leur publication. C'est ce qui a du reste été fait, depuis, pour

Flaubert, ce en quoi on a été mieux conseillé, sans doute.

Certaines collections de quotidiens sont rarissimes et, sauf à la Bibliothèque Nationale, il devient impossible de les rencontrer. Les amateurs qui seraient disposés à se livrer à ce genre de recherches, n'en trouveront plus la matière s'ils tardent quelque peu. Ce serait vraiment dommage, car en dehors des remarques curieuses que les comparaisons avec l'édition originale permettent de relever, nul doute qu'il ne se perde ainsi des productions d'un réel mérite qui, pour un motif quelconque, n'ont pas reçu les honneurs de l'impression en volume tout en restant cependant dignes de passer à la postérité.

CHAPITRE XII

Du classement des livres collectionnés.

Le classement le plus convenable à adopter pour les éditions originales nous paraît être celui par ordre alphabétique de noms d'auteurs. Les œuvres anonymes seront, bien entendu, ramenées à leur place par un renvoi placé au nom réel de leur auteur, quand ce dernier est connu. Tout autre classement n'aurait pas sa raison d'être, car il est assez difficile, en nombre de cas, de déterminer les raisons qui permettent de faire figurer un auteur dans une série plutôt que dans une autre.

Nous n'avons pas à nous occuper ici de la rédaction des catalogues. On trouvera des indications à cet égard dans les publications qui traitent spécialement ce sujet.

Quant aux documents à consulter, pour établir des fiches exactes, ou même pour se procurer et contrôler les renseignements indispensables aux bibliophiles pour effectuer leurs achats, ils ne sont pas encore nombreux. On pourra feuilleter, avec fruit : pour les romantiques, les catalogues des ventes Noilly [Prat], Asselineau, Monselet, Burty, Jolly-Bavoillot, Hartogh, Raisin, M*** [irabaud], d'Anfreville, Nicolaïdi, etc., pour ne citer que quelques noms. Les principales indications pour les ventes antérieures sont reproduites, dans l'excellent *Manuel de l'amateur de livres du* XIX° *siècle*, de M. Georges Vicaire que nous avons déjà désigné. La publication vient d'en être terminée seulement, mais elle aura un supplément donnant toutes les publications parues depuis 1893, date à laquelle s'arrête la partie principale achevée qui sera munie d'une table encore à paraître.

On pourra, pour remplir les lacunes, consulter les catalogues des dernières ventes publiques, dont les prix sont régulièrement publiés dans le *Bulletin du Bibliophile* dirigé également par M. Georges Vicaire.

On pourra parcourir utilement la collection de notre *Index Bibliographique*, qui s'arrête à 1898, mais peut rendre encore de grands services.

En dernier ressort on se reportera à la *Bibliographie de la France*, à ses tables méthodiques et alphabétiques et, pour les renseignements complémentaires, aux catalogues de nos principaux libraires dits « d'occasion », s'occupant plus spécialement des éditions originales, catalogues dont il sera prudent de conserver les principaux, au moins, en collection.

Du rangement et de la conservation des livres.

Les renseignements à cet égard sont aussi fournis en détail par les ouvrages de bibliothéconomie. Nous nous bornerons à les résumer ici.

Il est nécessaire pour avoir une bibliothèque en ordre et bien rangée d'établir un catalogue, voire même un double catalogue. L'un comme registre d'entrée avec prix d'achat, l'autre par fiches, avec indication exacte de l'emplacement de chaque livre sur les rayons de la ou des bibliothèques sur la fiche qui le concerne. On pourra rédiger cette fiche conformément aux indications des manuels de bibliographie, et à défaut, d'après celles des catalogues de ventes publiques ou de libraires d'occasion. De quelque manière que soit conçue la rédaction d'une fiche, si mal rédigée soit-elle, elle vaut infiniment mieux que rien du tout; surtout si elle indique l'emplacement du livre. Elle doit être, autant que possible, dressée et classée alphabétiquement par noms d'auteurs, ou de titre pour les anonymes, mais avec renvoi à une fiche à nom d'auteur pour ces derniers.

Beaucoup d'amateurs reculent devant l'établissement d'une fiche parce qu'ils ont négligé d'en dresser en commençant leur collection. Quelle faute ! Qu'ils établissent d'abord au fur et à mesure les fiches de leurs nouvelles acquisitions, puis s'ils en ont le temps, qu'ils rédigent peu-à-peu celles des volumes entrés antérieurement dans leurs armoires.

Comme rangement, placer autant que possible ensemble les livres d'un même auteur, si leur format le permet et, s'il diffère par trop, éloigner seulement les dissidents. Pour cela réserver des vides sur les rayons. Nos livres sont, pour ce motif, rangés sur trois rangs, et nous nous tirons d'embarras, pour les recherches, par le groupement des fiches des œuvres d'un même auteur qui nous permet de nous retrouver à travers l'éparpillement de celles arrivées tardivement et dispersées au hasard dans nos bibliothèques. Mais, répétons le, nous tenons rigoureusement à jour le catalogue dressé rigoureusement par ordre alphabétique de noms d'auteurs et indiquant bien clairement l'emplacement du livre.

Pour faire un peu de place nous nous débarrassons, peu-à-peu, de ce qui nous plaît moins et le remplaçons par d'agréables acquisitions nouvelles, avec la certitude de retrouver rapidement le volume désiré, où qu'il soit.

Dans les bibliothèques parisiennes, le grand ennemi est l'encombrement. Beaucoup de bibliophiles se croient même obligés d'arrêter leurs achats faute de place pour loger les acquisitions nouvelles. Ils se privent ainsi d'un de leurs plus vifs plaisirs. En cette pénible occurrence nous répétons qu'il ne faut pas hésiter à faire la coupe sombre dans les acquisitions antérieures peu heureuses, ou dans celles dont l'auteur n'a pas justifié les espérances qu'avaient données, un moment, ses premières œuvres. On se borne à conserver ces dernières, et on vend, *on lave*, comme disent en leur argot les bouquinistes, sans trop se préoccuper de la perte à la revente, les volumes qui ont cessé de plaire, puis ceux qui ne sont pas en parfait état et qu'on acquit jadis à ses timides débuts bibliophiliques. On se débarrasse des Bourget, des Prévost, des Margueritte, en un mot du poids lourd, de ce qui constitue l'embarras et heureusement ensuite le débarras d'une bibliothèque. De la place ! de la place ! Et à tout prix.

Quels sont les meilleurs modes pour conserver intactes les éditions originales dans une bibliothèque ?

Deux questions se posent ici : la conservation provisoire et celle définitive.

Pour conserver provisoirement le livre broché, il faut, dès son achat, le recouvrir de papier. Celui dit sulfurisé convient parfaitement à cet emploi. Translucide, il permet de lire au travers les titres des plats et du dos ; se pliant d'une façon nette, il ne se casse pas et s'use peu aux pliures ; enfin, glacé, il facilite le maniement des livres, leur placement sur les rayons des bibliothèques ou leur retrait. On en trouve de nuances différentes qui permettent d'assortir cette couverture à celle du livre. Les nuances blanches, jaunes et oranges sont celles qui se marient le mieux avec celles des livres, et passent le moins. Les couleurs très franches, vert et bleu, sont criardes.

Ces papiers préservent l'enveloppe du livre, mais laissent les marges exposées à la poussière et à la lumière qui s'y infiltrent à la longue. Pour les en préserver il est utile de leur faire

établir des cartonnages-chemises dans les formats in-18, petit et grand in-octavo, établis en
nombre. Ces trois grandeurs suffisent à peu près
à tous les emplois. Comme grosseur de dos,
10 à 5o millimètres suffisent, en passant par les
grosseurs intermédiaires, telles que 25, 35 millimètres. Avec ces épaisseurs, on peut également
loger à peu près tous les volumes, car pas n'est
besoin que ce logement soit ajusté, mais simplement qu'il mette son contenu à l'abri. On place
le volume dans une chemise en carton très léger,
sur le dos de laquelle on appose une étiquette
indiquant le titre du volume, le nom de l'auteur,
etc. On insère le tout, volume et chemise, dans
l'étui de volume correspondant. Ces cartonnages
peuvent être fort simples, mais on peut les orner
et les rendre au besoin amusants, en les faisant
couvrir par le cartonnier de papier de fantaisie à
son goût, et, établis en nombre, ils coûtent très
bon marché.

Pour les reliures définitives, il faut tenir toujours compte d'abord de ses préférences personnelles et s'adresser, autant que possible, à un
bon relieur. Suivant l'importance des œuvres on
les fait revêtir ou de cartonnages provisoires en
toile, papier fantaisie, demi-toile ou maroquin ;
ou de plein maroquin janséniste, avec ou sans
doublure, étoffe ou maroquin plein ou orné de
dorures et de mosaïques. Nous le répétons, tout

dépend d'abord de l'importance de l'œuvre et ensuite de la bourse et du goût du collectionneur.

Quant aux tons à donner à ces habits, il est presque admis que chaque auteur en a pour ainsi dire un qui s'impose ; mais il règne de telles délicatesses dans les appréciations qu'il est bien difficile de donner ici un conseil. Cependant, on peut avancer, *a priori,* que les couleurs tendres sont à préférer pour les écrivains tout en nuances et que les franches sont mieux appropriées à ceux qui font appel aux sentiments énergiques ou passionnés. Il ne viendra en effet jamais à l'esprit de personne de colorer des Louÿs comme des Zola, ou des Lamartine comme des Hugo. Mais cela se sent plus que cela ne se dit.

Autant que faire se peut, on cherche à couvrir les œuvres d'un même auteur d'une reliure de nuance uniforme ; quelquefois la prédominance éclatante de quelques-unes de celles-ci amène des amateurs à s'écarter de cette règle en leur consacrant un vêtement plus riche. C'est encore là une question d'appréciation personnelle.

Du choix dans les achats.

Une dernière question nous sera peut-être posée : d'après quel guide effectuer les achats? Pour les publications anciennes, ou même récentes, le goût personnel avant tout et l'intelligence du collectionneur, ses lectures littéraires, les indications données par les recueils de bibliographie, celles plus pratiques des catalogues de libraires ou de ventes publiques, la *Bibliographie de la France*, la *Bibliographie mensuelle*, les *Catalogues des libraires de nouveautés* permettent de se renseigner assez exactement.

Mais comment et quel choix faire dans le flot, le torrent des œuvres qui ne cessent d'affluer et ne font souvent que passer, bien que vantées ou prônées à l'envi les unes des autres par des critiques autorisés se laissant parfois influencer par les amitiés ou les camaraderies.

A ceci nous devons répondre que le seul moyen de se guider dans ses achats réside avant tout, pour l'amateur, dans la sûreté de ses jugements et, s'il s'en défie quelque peu, dans celui d'amis littéraires autorisés, autant que possible, d'opinions différentes ou contraires. Il faut écouter, comprendre, peser les jugements, les balancer et finalement s'en fier, en cas d'indécision, à l'avis de ceux d'entre eux dont on prisera davantage la valeur littéraire.

Un bon libraire donne aussi de bons avis, quand il n'a pas trop à lutter avec son intérêt. En général si un livre ne lui rapporte guère plus qu'un autre, on peut se confier entièrement à lui, surtout quand on le sait lui-même consciencieux de son métier et habitué à écouter une clientèle littéraire d'élite capable de rectifier son critérium. Encore faut-il qu'il ne substitue pas son opinion personnelle à celle de cette dernière.

De la composition d'une collection.

Jadis le bon Nodier se plaignait de ce qu'on laissait sans reliures les romantiques. On les « laisse flétrir à la poussière des quais ou pourrir à la filtration des auvents, sous l'enveloppe hygrométrique et le papier spongieux livré par dérision à notre immortalité de trois mois », disait-il.

Il ne répéterait plus sa plainte aujourd'hui, car un romantique broché en état pur est devenu à peu près ce que Maeterlinck a désigné symboliquement du joli nom d'*Oiseau bleu*. On le recherche toujours, mais on ne le rencontre plus jamais.

Si on a cependant la chance d'en découvrir

un en semblable condition, nous conseillerons de ne pas faire relier ce « Merle blanc », mais de l'abriter douillettement dans une boîte-reliure maroquinée et adornée, imitant la reliure de l'époque et permettant de placer ce volume au plus beau rang de la bibliothèque.

Pour les ouvrages moins rares, parnassiens, symbolistes, réalistes, naturistes, ou simplement pour les œuvres d'une belle tenue littéraire, ou pour les curiosités et raretés bibliophiliques, nous croyons qu'on doit, suivant leur importance, varier pour elles les habits différents de la hiérarchie bibliopégique.

A de fréquentes reprises, on nous a demandé de dresser au moins un aperçu de quelques auteurs que nous estimons les plus dignes d'entrer dans la composition d'une collection d'éditions originales littéraires. Cet aperçu est assez délicat à composer, car chaque amateur a ses goûts, ses préférences, ses mépris, ou simplement son indifférence.

Nous ne faisons pas exception à la règle, aussi nous bornerons nous à indiquer quelques noms choisis un peu dans chaque période et dans chaque école. La lecture de cette liste, si on juge à propos de la parcourir, ne prouvera donc que nos préférences et nos mépris, plus ou moins justifiés. A chacun d'en faire autant, en y ajoutant ou en y supprimant.

Rappelons que, suivant l'importance donnée à sa bibliothèque, l'amateur peut collectionner la série entière des œuvres d'un auteur qui lui sera sympathique ou bien se formera un choix, en l'arrêtant de préférence sur les œuvres de début, presque toujours œuvres maîtresses, sur grand papier, de luxe ou ordinaire, sur celles tirées à petit nombre, s'il a un faible pour la rareté, de préférence, numérotées ou revêtues d'un *ex-dono*, brochées plutôt que reliées (à moins que la reliure ne soit belle et signée d'un nom estimable), sans tares autant que possible, si l'ouvrage est rare (quitte à le remplacer plus tard par un plus bel exemplaire, si on en rencontre... car en bibliophilie tout est possible).

Le cœur a des raisons que la raison ne doit pas connaître... la collection aussi. Aussi ne doit-on pas se montrer trop surpris de voir, sur nos listes, certains auteurs copieusement représentés et d'autres assez chichement. Les ouvrages récents sont nombreux dans le premier cas, le temps n'ayant pas encore accompli son œuvre à leur égard et ne les ayant pas remis encore à leur place, si toutefois il leur en conserve une, ce dont nous doutons, nous ne dirons pas en nombre, mais en multitude de cas.

Nous n'indiquons que les noms de l'auteur, le titre et l'année de publication. Pour les renseignements complémentaires, nous répétons encore de consulter, pour toutes les publications faites avant 1893, le *Manuel de l'amateur de livres du* xix⁰ *siècle* de Georges Vicaire, qui est à jour jusqu'à cette époque, et plus tard son complément qui renseignera jusqu'en 1900. Les prix indiqués par M. Georges Vicaire se sont d'ailleurs modifiés depuis, du tout au tout et généralement dans le sens d'élévation. Ils ne peuvent servir que de point de repaire provisoire jusqu'à plus fraîche indication. Pour les livres parus depuis 1900 et pour leur prix, redisons de feuilleter les catalogues annotés des ventes publiques de collections d'éditions originales et ceux de livres d'occasion des libraires ayant cette spécialité.

Conclusion.

En principe, la meilleure édition d'un livre est toujours la dernière revue par l'auteur. Ceci dit, on se demande quels services peut bien rendre une collection d'éditions originales, en dehors du plaisir tout particulier et très spécial que peut trouver l'amateur à la réunir et, surtout, de celui qu'il éprouve chaque fois qu'il la compléte en y introduisant jalousement les unes après les autres les curiosités et les raretés qui lui avaient échappé, soit en raison de cette

rareté, soit tout simplement parce qu'il les igno-
rait lors de la constitution première de sa
bibliothèque. Car un bibliophile ne fait pas son
instruction complète de suite : il ne se forme
et s'instruit que peu-à-peu. Il sait d'ailleurs, à
ses dépens, ce que cette instruction lui coûte,
surtout à ses débuts ; mais il ne le regrette point.

Une bibliothèque réunie sur les bases que
nous avons cherché à préciser plus haut risque
d'être assez nombreuse. La nôtre avons-nous
déjà dit, réunit près de trois mille volumes. Si
on considère la faible quantité léguée par les
siècles précédents en œuvres réellement originales et littéraires, de premier ou de second
ordre, de grands ou de petits chefs-d'œuvre, on
est incité à se demander ce qui pourra bien rester
de cet amas dans un siècle ou deux.

Bien, bien peu, certainement. Mais cet amas
n'en est pas moins nécessaire pour qu'on y
puisse précisément rencontrer l'œuvre rare qui
doit rester, et que nous avons peut-être mé-
connue de notre vivant. Il y a même des chances
qu'elle ait été préservée par un amateur que ses
connaissances littéraires n'indiquaient point particulièrement comme appelé à sauver cette édition précieuse.

Les éditions originales rendent, en attendant,
le service de permettre de se reporter au premier texte de l'auteur, texte qu'il a pu abîmer

par des retouches ou des corrections malheu-
reuses, ou qui a pu être altéré dans des réim-
pressions défectueuses. Elles se prêtent à des
comparaisons qui offriront plus tard un très vif
intérêt littéraire.

La mauvaise qualité des papiers actuels rend
certaine leur destruction à une date peu éloignée.
Le souci du collectionneur, en obligeant les éditeurs à faire tirer un petit nombre d'exemplaires sur papier de fil de meilleure qualité,
offrira, au moins à quelques bons exemplaires,
la possibilité de traverser victorieusement les
ans. Ce seront très probablement les seuls qui
survivront et qui trouveront finalement leur
place dans la réserve des collections publiques,
nécropoles bibliophiliques, surtout si des reliures pompeuses et soignées les ont aidées à
éviter les ravages du temps et ceux de la lumière.

Les bibliophiles et même les bibliomanes ne
jouent pas un rôle inutile ici-bas : leur rôle est,
comme celui des abeilles actives et souvent in-
conscientes, de réserver et de conserver le doux
miel dont seront appelées à se nourrir les géné-
rations futures.

S'il a pu transmettre à la postérité en le faisant
échapper aux ravages des hommes et du temps,
quelques-uns, voire même un seul de ces livres
prédestinés, l'amateur se retournera de satisfaction dans sa tombe avec la conscience du

devoir accompli, l'eût-il fait inconsciemment.
Car il aura bien mérité de l'humanité en lui
transmettant le chef-d'œuvre, éternel flambeau,
qui, sans ses soins, dont on se moqua avec plus
ou moins de tact de son vivant, serait resté
ignoré ou aurait été consumé.

NOMENCLATURE CHOISIE

Un choix ne satisfait jamais, car il n'est point
celui du lecteur... qui n'est jamais guidé par les
mêmes considérations, le même état d'esprit, le
même but que ceux qui ont inspiré son auteur.
C'est ce que nous avons déjà écrit plus haut. Il
peut cependant être utile au néophyte qui entre-
prend de former une collection, et même per

mettre à l'amateur plus avancé de perfectionner la sienne.

Dans celui que nous donnons ici, et qui est seulement conçu au point de vue bibliophilique et non à celui littéraire pur, nous avons essayé, et sommes d'ailleurs persuadé que nous n'y avons qu'imparfaitement réussi, de faire entrer à doses à peu près égales les livres curieux ou rares et recherchés pour ces deux causes, et quelques bons livres qui ne le sont pas encore, à tort. Quelquefois, entraîné par la partialité, peut-être nous sommes-nous laissé aller à énumérer plus longuement l'œuvre d'un auteur aimé, ou celle d'un auteur ayant peu et souvent mieux produit. Par contre avons-nous écourté, au contraire, celles des écrivains trop abondants, et dans lesquelles les délicats ont déjà fait leur tri. Nous en avons aussi cité, quoique avec discrétion, quelques-uns déjà un peu oubliés; mais nous en avons, en revanche, omis d'autres qui n'auraient pas dû ou semblaient devoir être passés sous silence.

Une difficulté s'est aussi rencontrée : si sur les auteurs disparus, il n'est relativement pas difficile de se prononcer, il est beaucoup plus délicat de le faire à l'égard des vivants et surtout de ceux qui sont en pleine production.

Nous n'avons donc pas tout mis et si une nouvelle édition de ce petit livre doit paraître, ce qui n'est pas très probable, nous nous réservons d'étendre un peu plus notre liste.

Chacun devra donc étendre ou restreindre cette liste en consultant surtout ses préférences.

Enfin nous avons commis des oublis, même dans l'ordre d'idées que nous avons suivi. Nous les réparerions volontiers ; aussi saurions-nous gré à ceux qui nous les signaleraient, au cas improbable d'une édition nouvelle.

Mais ils n'en sont pas moins certains et nous nous en excusons humblement à l'avance.

Pour ne pas trop étendre notre énumération nous n'avons pas cru devoir indiquer les noms des éditeurs. On les trouvera aisément dans les livres de M. Georges Vicaire et autres bibliographes, en se référant aux dates indiquées ci-dessous.

Enfin au cas où un de nos lecteurs aurait besoin d'un renseignement *supplémentaire* ou *complémentaire*, s'il veut bien nous faire le plaisir de s'adresser à nous, nous nous efforcerons de le lui fournir, si cela est en notre possibilité.

About (Edmond). — Tolla, 1855. — Le Roi des Montagnes, 1856. — L'homme à l'oreille cassée ; Le nez d'un notaire, 1862.

Académie des Jeux Floraux, 1818, 1819, 1820.

Ackerman (Mᵉ), — Contes, 1855. — Poésies (Lemerre), 1874.

Adam (Paul). -- Chair molle, 1885. — Soi, 1886. — La glèbe, 1887. — En décor, 1890. — L'essence de soleil, 1890. — Princesses byzantines ; Le conte futur, 1893. — La bataille d'Uhde ; L'année de Clarisse, 1897. — Lettres de Malaisie, 1898. — La force, 1899. — L'enfant d'Austerlitz. 1902. — La ruse, 1903. — Au soleil de Juillet, 1903, *etc.*

Allard (Hortense). — Les enchantements de Prudence, 1872.

Anely (Max). — Les immémoriaux, 1907.

Angellier (Auguste). — A l'amie perdue, **1896**. — Le chemin des saisons, **1903**. — La lumière antique, **1905-1911**, (5 vol.), *etc.*

Annales Romantiques, 1823-1836, 12 volumes.

Arène (Paul). — Jean des Figues, **1870**. — La gueuse parfumée, **1876**. — La chèvre d'or, **1889**, *etc.*

Arlincourt (d'). — Le solitaire, **1821**. — Les écorcheurs, **1833**.

Arvers (Félix). — Mes heures perdues, **1833**.

Asselineau (Charles). — L'enfer du bibliophile, **1860**. — Le paradis des gens de lettres, **1862**.

Audoux (Marguerite). — Marie-Claire, **1910**.

Augier (Emile). — L'aventurière, **1848**. — Le fils de Giboyer, **1862**, *etc.*

Babou (Hippolyte). — Les payens innocents, **1858**. — Lettres satiriques, **1860**.

Ballanche (M.-P.-S.). — Antigone, **1814**, *etc.*

Balzac (Honoré de). — Le dernier Chouan, **1829**. — Physiologie du mariage ; La maison du chat qui pelote ; Scènes de la vie privée, **1830**. — La femme de trente ans ; La peau de chagrin, **1831**. — Les contes drôlatiques, **1832, 1833, 1837**. — Le colonel Chabert, **1832**. — Le médecin de campagne ; Eugénie Grandet, **1833**. — Le père Goriot, **1834**. — Le lys dans la vallée, **1836**. — Le curé de village, **1839**. — Une ténébreuse affaire ; Ursule Mirouet, **1842**. — La rabouilleuse, **1841-1842**. — Modeste Mignon ; Mémoires de deux jeunes mariés, **1844**. — La cousine Bette, [**1847**], *etc.*

Banville (Théodore de). — Les cariatides, **1842**. — Les stalactites, **1846**. — Odelettes, **1856**. — Odes funambulesques ; Les Poésies, **1857**. — Améthyste, **1862**. — Camées parisiens, **1866-1873**. — Nouvelles odes funambulesques, **1869**. — Florise, **1870**. — Riquet à la houppe, **1884**, *etc.*

Barbara (Claude). — L'assassinat du Pont Rouge, 1855.

Barbey d'Aurevilly. — Aux héros des Thermopyles, 1825. — L'amour impossible, 1841. — La bague d'Annibal, 1843. — Du dandysme et de G. Brummell, 1845. — Les prophètes du passé; Eugénie de Guérin; Une vieille maîtresse, 1851. — Poésies, 1854. — L'ensorcelée, 1855. — Mémorandum, 1856. — Laocoon, 1857. — L'amour impossible, 1859. — Poésies ; Les Misérables de M. Victor Hugo, 1862. — Le chevalier des Touches, 1864. — Un prêtre marié, 1865. — Le Pacha, 1869. — Les Diaboliques, 1874. — Gœthe et Diderot, 1880. — Une histoire sans nom, 1882. — Les ridicules du temps, 1883. — Ce qui ne meurt pas, 1883-1884. — Une page d'histoire, 1886. — Pensées détachées, 1888. — Amaïdée, 1890. — Poussières, 1897. — Deux rythmes oubliés, 1897. — Lettre à M. Trébutien, 1901. — Deuxième mémorandum, 1906. — Lettres à Tré-bucien, 2 vol., 1908, *etc.*

Barbier (Auguste). — Iambes et poëmes, 1832.

Barrès (Maurice). — Anatole France, 1883. — Les Taches d'encre, 1884-1885. — Sous l'œil des barbares, 1888. — Un homme libre, 1889. — Le jardin de Bérénice, 1891. — Toute licence sauf contre l'amour, 1892. — L'ennemi des lois ; Du sang, de la volupté et de la mort, 1893. — Une journée parlementaire, 1894. — Les déracinés, 1897. — Un amateur d'âmes, 1899. — L'appel au soldat, 1900. — Une soirée dans le silence et le vent de la mort, 1901. — Leurs figures, 1902. — Scènes et doctrines du nationalisme ; Les amitiés françaises ; Pages lorraines ; Amori et dolori sacrum, 1903. — Le voyage à Sparte, 1906. — Ce que j'ai vu à Rennes, 1904. — Au service de l'Allemagne, 1905. — Colette Baudoche, 1909. — L'angoisse de Pascal, 1910.

Bataille (Henry). — La chambre blanche, 1895. — Ton sang, 1897. — Le beau voyage, 1904. — Maman Colibri, 1905. — La vierge folle, 1910, *etc.*

Baudelaire (Charles). — Les fleurs du mal, 1857 et 1861. — Théophile Gautier, 1859. — Les paradis artificiels, 1860. — Richard Wagner, 1861. — Les épaves, 1866. — Œuvres complètes, 1868-1870. — Œuvres posthumes, 1908. — Mon cœur mis à nu et Fusées, 1910, *etc.*

Bazin (René). — De toute son âme, 1897. — La terre qui meurt, 1899. — Les Oberlés, 1902, *etc.*

Beauclair (Henri). — *Voir* Vicaire (Gabriel).

Beauvoir (Roger). — L'écolier de Cluny, 1832. — La cape et l'épée, 1837.

Becque (Henri). — L'enfant prodigue, 1869. — Michel Pauper, 1871. — Les corbeaux, 1882. — La parisienne, 1885. — Théâtre complet, 1898.

Béranger (Pierre-Jean). — Chansons morales, 1816. — Chansons, 1821. — Chansons nouvelles, 1825. — Chansons, 1827. — Chansons inédites, 1828. — Chansons (Supplément), 1829.

Bernard (Tristan). — Les chasseurs de chevelure ; Le fardeau de la liberté, 1891. — Les contes de Pantruche ; Vous m'en direz tant, 1895. — Amants et voleurs, 1898. — Les pieds nickelés ; Mémoires d'un jeune homme rangé, 1899. — Un mari pacifique, 1901. — Secrets d'état ; Deux amateurs de femmes, 1908. — Le roman d'un mois d'été ; Auteurs, acteurs et spectateurs, 1909, *et son théâtre.*

Bernstein (Henry). — La rafale, *etc.*

Bertrand (Aloysius). — Gaspard de la nuit, 1842.

Bertrand (Louis). — Le sang des races, 1899. — La Cina, 1901. — Le rival de Don Juan, 1903. — Pepète le bienaimé, 1904. — Le jardin de la mort, 1905. — La Grèce du soleil, 1908, *etc.*

Beyle (Henri). — *Voir* Stendhal.

Bloy (Léon). — Les propos d'un entrepreneur de démolitions, 1884. — Le désespéré, 1887. — Christophe Colomb, 1890. — Les funérailles du naturalisme ; La chevalière de la mort, 1891. — Le salut par les juifs, 1892. — Sueur de sang, 1893. — La femme pauvre, 1897. — Le fils de Louis XVI; Je m'accuse, 1900. — Exégèse de lieux communs, 1902. — Les dernières colonnes de l'Eglise, 1903. — Mon Journal, 1904. — Quatre ans de captivité, 1905. — La résurrection de Villiers de l'Isle-Adam, 1906. — L'invendable, 1909.

Boissière (Jules). — Le Bonge Khou su [par J. Rodde] ; Propos d'un intoxiqué [par Khou-mi], 1890. — Fumeurs d'opium, 1896.

Bonnard (Abel). — Les familiers, 1906. — Les histoires ; Les royautés, 1908.

Borel (Petrus). — Rapsodies, 1832. — Champavert, 1833. — Madame Putiphar, 1839.

Bouilhet (Louis). — Melœnis, 1851. — Poésies, 1859.

Bourges (Elemir). — Le crépuscule des Dieux, [1884]. — Sous la hache, 1885. — Les oiseaux s'envolent, 1893. — La nef, 1904.

Bourget (Paul). — Au bord de la mer, 1872. — La vie inquiète, 1875. — Edel, 1878. — Les aveux, 1882. — Essais de psychologie, 1883. — L'irréparable, 1884. — Cruelle énigme ; Nouveaux essais de psychologie, 1885, *etc.*

Boylesve (René). — Les bains de Bade, 1896. — Sainte Marie des fleurs, 1897. — Le médecin des dames de Néans; Le parfum des îles Borromées, 1898. — Mademoiselle Cloque, 1899. — La becquée, 1901. — La leçon d'amour dans un parc, 1902. — Le bel avenir, 1905. — Mon amour, 1908. — Le meilleur ami, 1909.

Brieux (Eugène). — Blanchette, 1892. — La robe rouge ; Les avariés, 1901.

Brillat-Savarin (J.-H.). — Physiologie du goût, 1826.

Brizeux (Auguste). — Marie, 1840. — Les Ternaires, 1841. — Les Bretons, 1845. — Primel et Nola, 1852.

Bruant (Aristide). — Dans la rue, 1889-1895-1910, (3 vol.) — Sur la route, 1897.

Brunetière (Ferdinand). — Honoré de Balzac, [1907], *etc.*

Burnat-Provins (Mme). — Fleurs d'automne, 1904. — Chansons rustiques, 1905. — Chants du verdier, 1906. — Sous les noyers ; Le livre pour toi ; Petits tableaux valaisiens, 1907. — Cantique d'été, 1910.

Cantel (Henri) — Amours et priapées, 1869.

Champfleury. — Chien Caillou, 1847. — Les bourgeois de Molinchart, 1855. — Les aventures de Mlle Mariette ; Mr de Boisdhyver, 1856. — La succession Lecamus, 1858, *etc.*

Chateaubriand (François-René de). — Essai historique, 1797. — Atala, 1801. — Le génie du christianisme, 1802. — Atala et René, 1805. — Le dernier Abencerage, 1806. — Les martyrs, 1809. — Itinéraire de Paris à Jérusalem, 1811. — Mémoires d'outre-tombe, 1849-50.

Chenier (Gabriel). — Œuvres complètes, 1819.

Cherbuliez (Victor). — Le comte Kostia, 1863. — L'aventure de Ladislas Bolski, 1869, *etc.*

Cladel (Léon). — Les Bouscassié, 1869. — Ompdrailles, 1879, *etc.*

Claretie (Jules). — M^r le ministre, 1883. — Brichanteau comédien, 1896. — Brichanteau célèbre, 1905, *etc.*

Claudel. — Tête d'or, 1890. — La ville, 1893. — L'Agamemnon d'Eschyle, 1896. — Connaissance de l'est, 1900. — L'arbre, 1901. — Connaissance du temps, 1904. — Les muses, 1905. — Partage du Midi, 1906. — Art poétique ; Connaissance de l'est, 1907. — Cinq grandes odes, 1910-11. — Théâtre (2 vol). ; Chemin de la croix ; L'otage, 1911.

Cottin (Marie-Joseph). — Elisabeth..., 1906.

Constant (Benjamin-Henri). — Adolphe, 1816.

Coolus (Romain). — *Son théâtre.*

Coppée (François). — Le reliquaire, 1866. — Intimité, 1868. — Le passant, 1869, *etc.*

Corbière (Tristan). — Les amours jaunes, 1873.

Courier (Jean-Paul-Louis). — Lougou Poimenikou logoï, [1810]. — Notice... sur Longus, [1810]. — Pétition pour les villageois qu'on empêche de danser, 1822. — Pamphlets des pamphlets, 1824.

Courteline (Georges). — Les gaîtés de l'escadron, 1886. — Lidoire et la Biscotte, 1892. — Boubouroche ; MM. les ronds-de-cuir, 1893. — Ah jeunesse ! 1894. — La conversion d'Alceste, 1905, *et ses principales pièces de théâtre.*

Croisset (Francis de). — Les nuits de quinze ans, 1898. — Chérubin, 1901, *etc.*

Cros (Charles). — Le coffret de santal, 1873. — Le fleuve, 1875.

Curel (François de). — L'envers d'une sainte ; Les fossiles, 1892. — L'invité ; L'amour brode, 1893. — La figurante, 1896. — Le repas du lion, 1898. — La nouvelle idole, 1899. — La fille sauvage, 1902. — Le coup d'aile, 1906, *etc.*

Daudet (Alponse). — Les amoureuses, 1858. — La double conversion, 1861. — Le roman du chaperon rouge, 1862. — Le petit chose, 1868. — Lettres de mon moulin, [1869]. — Lettres à un absent, 1871. — Aventures prodigieuses de Tartarin .... 1872. — Contes du lundi, 1873. — Fromont jeune et Risler aîné, 1874. — Jack, 1876. — Le Nabab, 1877. — Les rois en exil, 1879. — Numa Roumestan, 1880. — Sapho, 1884, *et ses autres romans.*

Daudet (Léon). — Les morticoles, 1894, — Le Kamchatka, 1895.

Delarue-Mardrus (Mme). — Occident, 1901. — Ferveur, 1902. — Horizons, 1905. — Figures de proue, 1908. — Par vents et marées ; Comme tout le monde, 1910, *etc.*

Delavigne (Casimir). — Trois messéniennes, 1818-1822-1828. — L'école des vieillards, 1823. — Louis XI, 1831. — Les enfants d'Édouard, 1833.

Delvau (Alfred). — Histoire anecdotique des cafés et cabarets de Paris, 1862. — Les Cythères parisiennes, 1864.

— Histoire anecdotique des barrières de Paris, **1865**. — Les heures parisiennes, **1866**.

Déroulède (Paul). — Les chants du soldat, **1872**.

Desbordes-Valmore (Mme). — Poésies, **1820**. — Élégies, **1825**. — Les pleurs, **1833**. — Poésies inédites, **1860**.

Descaves (Lucien). — Le calvaire, **1882**. — Une vieille rate, **1883**. — La teigne, **1885**. — La caserne, **1887**. — Sous-offs, **1889**.

Diderot (Denis), — Le neveu de Rameau, **1821**.

Dierx (Léon). — Aspiration, **1858**, — Poèmes et poésies, **1864**. — Les lèvres closes, **1867**. — Les amants, **1879**. — Poésies complètes, **1896**, *etc.*

Donnay (Maurice). — *Ses premières plaquettes.* — Amants, **1896**. — La douloureuse, **1897**, *etc.*

Dorchain (Auguste). — La jeunesse pensive, **1881**, *etc.*

Dovalle (Charles). — Le sylphe, **1830**.

Droz (Gustave). — Monsieur, madame et bébé, **1866**.

Dumas (Charles). — L'eau souterraine, **1903**. — L'ombre et les proies, **1906**.

Dumas père (Alexandre). — *Ses premières plaquettes à titre de curiosités jusqu'en* **1826**. — Henri III, **1829**. — Antony, **1831**. — La tour de Nesle (*avec Gaillardet*), **1832**. — Impressions de voyage, **1833-39-41-42-1860**. — Kean, **1836**. — Monte-Christo, **1844-45**. — Les trois mousquetaires, **1844**. — Vingt ans après ; La reine Margot, **1845**. — Le chevalier de maison rouge, **1845-46**. — La dame de Montsoreau, **1846**. — Mémoires d'un médecin, **1846-48**. — Les quarante-cinq, **1847-48**. — Le vicomte de Bragelonne, **1848-50**, *et beaucoup d'autres, rares et chers, mais moins importants.*

Dumas fils (Alexandre). — Péchés de jeunesse, **1847**. — La dame aux camélias, **1848**. — Le demi-monde, **1855**. — Affaire Clémenceau, **1866**. — Théâtre complet, **1866-74**. — Une visite de noces, **1872**, *etc.*

Dupont (Pierre). — Chants et chansons, **1852-1854**, *etc.*

Duras (Mme de). — Ourika, **1824**. — Edouard, **1825**.

Erckmann-Chatrian. — Me Thérèse, **1863.** — L'ami Fritz, **1864.** — Histoire d'un conscrit de 1813, **[1864].** — Waterloo, **[1865].** — Le blocus, [**1867**], *etc.*

Esparbès (G. d'). — La légende de l'aigle, **1893.** — La guerre en dentelles, **1896,** *etc.*

Estaunié (E.). — L'empreinte, **1896.** — Le ferment, **1899.** — La vie secrète, **1909,** *etc.*

Fabre (E.). — Les ventres dorés, **1905,** *etc.*

Fabre (Ferdinand). — Les hirondelles, **1848.** — Feuilles de lierre, **1853.** — Les Courbezon, **1862.** — Julien Savignac, **1863.** — L'abbé Tigrane, **1873.** — Mon Oncle Célestin, **1881.** — Lucifer, **1884,** *etc.*

Farrère (Claude). — Fumée d'opium, **1904.** — Les civilisés, **1906.** — L'homme qui assassina, **1907.** — Mademoiselle Dax, jeune fille, **1908.** — La bataille, **[1909].** — Les petites alliées ; La maison des hommes vivants, **1910.**

Feuillet (Octave). — Le roman d'un jeune homme pauvre, **1858.** — M. de Camors, **1867.**

Féval (Paul). — Le fils du diable, **1846.** — Le bossu, **1858.**

Feydeau (Ernest). — Fanny, **1858.**

Fievée (J.). — La dot de Suzette, **1798.**

Flaubert (Gustave). — Madame Bovary, **1857.** — Salammbo, **1863.** — Par les champs et par les grèves, **1866.** — L'éducation sentimentale, **1870.** — La tentation de St Antoine, **1874.** — Trois contes, **1877.** — Bouvard et Pécuchet, **1881.** — Lettres... à George Sand, **1884.** — Correspondance, **1887-1893.** — Mémoires d'un fou, **1901.** — Lettres à sa nièce Caroline, **1906.** — La première tentation de Saint Antoine, **1908.**

Fort (Paul). — Plusieurs choses ; Premières lueurs sur la colline ; Monnaie de fer, **1894.** — Presque les doigts aux clés ; Il y a des cris, **1895.** — Ballades, **1896-1898.** — Ballades françaises, **1897-1903,** *etc.*

France (Anatole). — La légende de Sainte Radegonde, **1859**. — Poèmes dorés, **1873**. — Les noces corinthiennes, **1876**. — Lucile de Chateaubriand ; Jocaste et le chat maigre, **1879**. — Le stratagème, **1880**. — Le crime de Sylvestre Bonnard, **1881**. — Les désirs de Jean Servien, **1882**. — Abeille, **1883**. — Le livre de mon ami, **1885**. — Nos enfants, **1887**. — La vie littéraire, **1888-92**, (4 vol.) — Balthazar, **1889**. — Thaïs, **1890**. — L'étui de nacre, **1892**. — Les opinions de Gérôme Coignard ; La rôtisserie de la reine Pédauque, **1893**. — L'Elvire de Lamartine. — Le lys rouge, **1894**. — Le jardin d'Epicure ; Le puits de Sainte Claire, **1895**. — Le Mannequin d'osier ; L'Orme du Mail, **1897**. — Au petit bonheur, **1898**. — L'anneau d'améthyste ; Pierre Nozière, **1899**. — Clio ; Filles et garçons ; Mr Bergeret à Paris, [**1900**]. — L'affaire Crainquebille, **1902**. — Histoire comique, **1903** — Crainquebille, **1904**. — Sur la pierre blanche, **1905**. — Vers les temps meilleurs, **1906**. — Les contes de Jacques Tournebroche, **1907**. — Vie de Jeanne d'Arc ; L'île des pingouins, **1908**. — Les sept femmes de Barbe Bleue, **1909**, *et ses différentes plaquettes.*

Frapié (Léon). — La maternelle, **1904**, *etc.*

Fromentin (Eugène). — Un été dans le Sahara, **1857**. — Une année dans le Sahel, **1859**. — Dominique, **1863**. — Les maîtres d'autrefois, **1876**.

Fustel de Coulanges (N. D.). — La cité antique, **1864**.

Gautier (Judith). — Le livre de jade, **1867**. [*Sous le pseud. Judith Walter*].

Gautier (Théophile). — Poésies, **1830**. — A Jean Duseigneur, **1831**. — Albertus ; La jeune France, **1833**. — Mlle de Maupin, **1835-36**. — L'Eldorado, **1837**. — Fortunio ; La comédie de la mort, **1838**. — Tra los Montes, **1839**. — Les grotesques, **1844**. — Zigzags, **1845**. — Les roués innocents, **1847**, **1852-58** et **1863**. — Militona, **1847**. — Jean et Jeannette, **1850**. — Emaux et camées, **1852** ; De la mode ; Le roman de la momie, **1858**. — Le capitaine Fracasse,

1863. — Spirite, 1866. — Une douzaine de sonnets, 1869.
— Lettres à Carlotta Grisi, *etc.*

Gebhardt (E.). — Praxitèle, 1864. — Rabelais ; La
Renaissance, 1877. — Autour d'une tiare, 1893. — Au son
des cloches, 1898, *etc.*

Geffroy (Gustave). — L'enfermé, 1896.

Ghil (René). — La légende d'âme et de sang, 1885. —
Le traité du verbe, 1886. — Le geste ingénu, 1887.

Gide (André). — Les cahiers d'André Walter, 1891. —
Les poésies d'André Walter ; Le traité de Narcisse, 1892. —
Le voyage d'Urien, 1893. — La tentative amoureuse, 1894.
— Paludes, 1895. — Les nourritures terrestres, 1897. —
Philoctète ; Prométhée mal enchaîné, 1899. — Saul, 1900.
— Le roi Candaule, 1901. — L'immoraliste, 1902. — Pré-
textes, 1905. — Amyntas, 1906. — Le retour de l'enfant
prodigue ; La porte étroite, 1909. — Nouveaux prétextes ;
Isabelle, 1911, *et ses petites plaquettes.*

Gill (André). — La muse à Bibi, 1879.

Girardin (Emile de). — Le supplice d'une femme,
1865.

Girardin (Mᵉ E. de) [Delphine Gay]. — Essais poétiques,
1824. — Nouveaux essais poétiques, 1825. — Le lorgnon,
1832.

Glatigny (Albert). — Les vignes folles, 1860. — Les flè-
ches d'or, 1864. — Joyeusetés galantes et autres du vidame
Bonaventure de la Braguette, 1866. — Le fer rouge, 1870,
et ses autres plaquettes.

Gobineau (J. A. de). — Les cousins d'Isis, 1844. —
Nicolas et Belavoir, 1847. — Ternove, 1848. — Essai sur
l'inégalité des races humaines, 1853-55. — Trois ans en Asie,
1859. — Voyage à Terre-Neuve, 1861. — Les religions et les
philosophes, 1865. — L'abbaye de Typhaines, 1867.
— L'Aphrœssa ; Histoire des Perses, 1869. — Souvenirs
de voyage, 1872. — La Renaissance, 1873. — Les Pléiades,
1874. — Nouvelles asiatiques, 1876. — Histoire d'Otto Jarl,
1879. — Amadis, 1887.

Gojon (Edmond). — Le visage penché, **1910**.

Goncourt (J. et E. de). — En 18.., **1851**. — La lorette, **1853**. — La révolution dans les mœurs, **1854**. — Une voiture de masques ; Les actrices, **1856**. — Les hommes de lettres, **1860**. — Sœur Philomène, **1861**. — Renée Mauperin ; Germinie Lacerteux, **1864**. — Manette Salomon, **1867**. — Mᵉ Gervaisais, **1869**. — Journal des Goncourt, **1887-1895**, *leurs ouvrages sur les beaux-arts.*

Goncourt (Edmond de). — La fille Elisa, **1877**. — Les frères Zemganno, **1879**. — La maison d'un artiste, **1881**. — La Faustin, **1882**. — Chérie, **1884**.

Goudeau (Emile). — Fleurs de bitume, **1878**.

Gourmont (Rémy de). — Sixtine, **1890**. — Le latin mystique, **1892**. — Les proses moroses, **1894**. — Les chevaux de Diomède, **1897**. — Le livre des masques, **1896-98**. — D'un pays lointain, **1898**. — Le songe d'une femme, **1899**. — La culture des idées, **1900**. — Le chemin de velours, **1902**. — L'amour dans la nature ; Physique de l'amour, **1903**. — Une nuit au Luxembourg, **1906**. — Un cœur virginal, **1907**. — Couleurs, **1908**. — Contes, drames, légendes critiques, promenades épilogues, *et toutes ses curieuses plaquettes poétiques.*

Gozlan (Léon). — Aristide Froissard, **1844**. — Contes et nouvelles, **1851**. — Les émotions de Polydore Marasquin, **1857**.

Gregh (Ferdinand). — La maison de l'enfance, **1896**. — La beauté de vivre, **1900**. — Les clartés humaines, **1904**, *etc.*

Guérin (Charles). — Fleurs de neige, **1893**. — L'art parjure ; Joies grises ; Rodenbach, **1894**. — Le sang des crépuscules, **1895**. — Sonnets et un poème, **1897**. — Le cœur solitaire, **1898** et **1904**. — Eros funèbre, **1900**. — Le semeur de cendres, **1901**. — L'homme intérieur, **1905**.

Guérin (Eugénie de). — Reliquiæ, **1855**. — Journal et lettres..., **1862**.

Guérin (Maurice de). — Reliquiæ, **1861**. — Journal, **1862**. — Lettres et poésies, **1865**. — Le Centaure, **1900**.

Guillaumin (Emile). — La vie d'un simple, 1904. — Près du sol, [1906], *etc.*

Guttinger (Ulrich). — Mélanges poétiques, 1824 et 1825. — Le bal, 1825. — Arthur, 1836.

Halévy (Ludovic). — Un scandale, 1856. — Une maladresse, 1857. — Marcel, 1864. — L'invasion ; Madame et monsieur Cardinal, 1872. — Les petites Cardinal, 1880. — Un mariage d'amour, 1881. — L'abbé Constantin, 1882. — La famille Cardinal ; Criquette ; Deux mariages, 1883.

Haraucourt (Ed.). — La légende des sexes, 1882. — L'âme nue, 1885. — Amis, 1887, *etc.*

Harry (Myriam). — La conquête de Jérusalem, *etc.*

Heine (Henri). — De la France ; Reisebilder, 1834. — De l'Allemagne, 1835. — Lutèce, poèmes et légendes, 1855.

Hello (Em.). — M. Renan, 1858. — Le style, 1861. — L'homme, 1872. — Paroles de Dieu, 1877. — Contes extraordinaires, 1879. — Les plateaux de la balance, 1880, *etc.*

Hennique (Léon). — La dévouée, 1878. — Elisabeth Couronneau, 1879. — Les hauts faits de Mr Ponthau, 1880. — Deux nouvelles, 1881. — Benjamin Rozès, [1882]. — L'accident de Mr Hébert, 1884. — La mort du duc d'Enghien, 1886. — Pœuf ; Esther Brandes, 1887. — Un caractère, 1889. — Minnie Brandon, 1899, *etc.*

Hérédia (J. M. de). — La nonne Alferez, 1892. — Les trophées, 1893. — Quelques souvenirs, 1898.

Hermant (Abel). — Les mépris, 1883. — Le cavalier Miserey, 1887. — Confidences d'une aïeule, 1893. — Souvenirs du vicomte de Courpières, 1901. — Monsieur de Courpières marié, 1905. — Les confidences d'une biche, 1909. — La biche relancée, 1911, *etc.*

Hervieu (Paul). — Diogène le chien, 1882. — La bêtise parisienne, 1884. — L'Alpe homicide ; Les yeux verts et les yeux bleus, **1886**. — Peints par eux-mêmes, **1893**. — L'armature ; Les tenailles, **1895**. — La course au flambeau, **1901**, *ses romans et son théâtre.*

Houssaye (Arsène). — La couronne de bleuets, **1836**. — Voyage à ma fenêtre, **1851**.

Houssaye (Henry). — Histoire d'Apelles, **1867**. — 1814-1815, **1893-1899**. — La charge, **1894**. — La garde meurt et ne se rend pas, **1907**.

Houville (Gérard d'). — L'inconstante, **1903**. — Esclave, **1905**. — Le temps d'aimer, [**1907**].

Hugo (Victor). — Les destins de la Vendée ; Le télégraphe, **1819**. — Recueil des jeux floraux, **1818, 1819, 1820**. — Ode sur la mort du duc de Berry ; Le génie ; Ode sur la naissance du duc de Bordeaux, **1820**. — Bonaparte ; Odes ; Odes et poésies diverses ; Les vierges de Verdun ; Moïse sur le Nil, **1822**. — Han d'Islande, **1823**. — Nouvelles odes, **1824**. — Le sacre de Charles X, **1825**. — Bug Jargal, **1826**. — Odes et ballades, **1826-28**. — A la colonne de la place Vendôme, **1827**. — Cromwell ; Amy Robsart, **1828**. — Les orientales ; Le dernier jour d'un condamné, **1829**. — Hernani ; L'aumône, **1830**. — Notre-Dame de Paris ; Marion Delorme, **1831**. — Les feuilles d'automne ; Le roi s'amuse, **1832**. — Lucrèce Borgia ; Marie Tudor, **1833**. — Etude sur Mirabeau ; Littérature et philosophie mêlées ; Claude Gueux ; Angelo, **1834**. — Les chants du crépuscule, **1835**. — Les voix intérieures, **1837**. — Ruy Blas, **1838**. — Rayons et ombres ; Le retour de l'Empereur, **1840**. — Le Rhin, **1842**. — Les Burgraves, **1843**. — Napoléon le petit, **1852**. — Châtiments, **1853**. — Les contemplations, **1856**. — La légende des siècles, **1859-77-83**. — Les misérables, **1862**. — William Shakespeare, **1864**. — Les chansons des rues et des bois, **1865**. — Les travailleurs de la mer, **1866**. — L'homme qui rit, **1869**. — L'année terrible, **1872**, *et un choix des publications postérieures.*

Huysmans (Joris-Karl). — Le drageoir à épices, **1874**. — Marthe, **1876**. — Sac au dos, **1878**. — Les sœurs Vatard ;

Emile Zola : L'assommoir, **1879**. — Croquis parisiens, **1880**. — En ménage, **1881**. — A vau l'eau, **1882**. — L'art moderne, **1883**. — A rebours, **1884**. — En rade ; Un dilemme, **1887**. — Certains, **1889**. — Les vieux quartiers de Paris ; La Bièvre, **1890**. — Là-bas, **1891**. — En route, **1895**. Là-haut, **1897**. — La cathédrale, **1898**. — La magie en Poitou, **1899**. — La Bièvre et Saint Séverin, **1900**. — De tout ; Sainte Lydwine, de Schiedam, **1901**. — L'oblat, **1903**. — Trois primitifs, **1905**. — Les foules de Lourdes, **1906**.

Jaloux (Edmond). — Le reste est silence, **1909**.

Jammes (Francis). — Six sonnets, **1891**. — Vers, **1892-93-94**. — Un jour, **1896**. — De l'angelus de l'aube à l'angelus du soir ; Quatorze prières ; La naissance du poète, **1898**. — La jeune fille nue ; Clara d'Ellébeuse, **1899**. — Le poète et l'oiseau, **1900**. — Almaïde d'Etremont ; Le deuil des primevères, **1901**. — Le triomphe de la vie, **1902**. — Le roman du lièvre, **1903**. — Pomme d'anis, **1904**. — Je la désire, [vers **1905**]. — L'église habillée de feuilles ; Pensée des jardins ; Clairières dans le ciel, **1906**. — Poèmes mesurés ; Rayons de miel, **1908**. — Ma fille Bernadette, **1910**. — Georgiques chrétiennes (2 vol.), **1911**.

Janin (Jules). — L'âne mort, **1829**. — Barnave, **1831**. — Debureau, **1832**.

Jarry (A.). — César Antéchrist, **1895**. — Les minutes de sable, **1896**. — Ubu roi, **1896**. — Les jours et les nuits, **1897**. — Messaline, **1901**. — Le surmâle, **1902**. — Gestes et opinions du docteur Faustroll, **1911**.

Jasmin (J.). — Las papillotos, **1825**.

Kahn (Gustave). — Les palais nomades, **1887**. — Chansons d'amants, **1891**. — Domaine de fée, **1895**. — La pluie et le beau temps, **1896**. — Limbes de lumière ; Le livre d'images, **1897**, *etc.*

Karr (Alphonse). — Sous les tilleuls, 1832. — Voyage autour de mon jardin, 1842.

Kock (Paul de). — Gustave le mauvais sujet, 1821. — Mon voisin Raymond, 1823. — Mr Dupont, 1824. — La laitière de Montfermeil, 1827. — Le cocu, 1831. — La pucelle de Belleville, 1834, *etc.*

Labiche (Eugène). — La clef des champs, 1838. — Le misanthrope et l'auvergnat, 1852. — L'affaire de la rue de Lourcine ; Le voyage de M. Perrichon, 1860. — Célimare le bien aimé, 1863.—La cagnotte, 1864.—La grammaire, 1867.

Laforgue (Jules). — Les complaintes, 1885. — L'imitation de Notre-Dame-de-la-lune, 1886. — Le concile féerique ; Les moralités légendaires, 1887. — Les derniers vers, 1890. — Poésies complètes, 1894.

Lahor (Jean) [Henri Cazalis]. — Via tristis, 1865. — Melancholia, 1868. — Le livre du néant, 1872. — L'illusion, 1875. — L'enchantement de Siva, 1891. — Œuvres, 1897.

La Jeunesse (Ernest). — La prière d'Anatole France, 1895. — Les nuits et les ennuis, 1896.

Lamartine (Alphonse de). — Méditations poétiques, 1re et 2e édit. augm., 1820. — Nouvelles méditations ; La mort de Socrate, 1823. — Chant du sacre ; Le dernier chant du pélerinage de Childe Harold ; Epîtres, 1825. — Harmonies poétiques, 1830. — Des destinées de la poésie, 1834. — Souvenirs d'un voyage en Orient, 1835. — Jocelyn, 1836. — La chute d'un ange, 1838. — Recueillements poétiques, 1839. — Raphaële ; Les confidences, 1849. — Le tailleur de pierres de Saint-Point, 1851, *et toutes les petites plaquettes parues avant 1835 comme curiosités.*

Lamennais (H. F. R. de). — Essai sur l'indifférence, 1817-23. — Paroles d'un croyant, 1833, *etc.*

Larguier (Léo). — La maison du poète, 1903. — Jacques, 1907, *etc.*

Latouche (H. de). — Fragoletta, 1829. — La vallée aux loups, 1833.

Lautreamont (Cte de). — Les chants de Maldoror, 1874.

Lavedan (Henri). — Mam'selle Vertu; Reine Janvier, 1886. — Sire, 1889. — Le nouveau jeu, 1892. — Leur beau physique, 1893. — Le prince d'Aurec, 1894. — Le vieux marcheur, 1895, *etc.*

Lazare (Bernard). — Le miroir des légendes, 1892.

Le Cardonnel (Louis). — Poèmes, 1904.

Leconte de Lisle. — Poèmes antiques, 1852. — Poèmes et poésies, 1855. — Poésies complètes, 1858. — Idylles de Théocrite .. ., 1869. — Poèmes barbares, 1862 et 1872. — Les Erynnies, 1873. — Poèmes tragiques, 1884. — Derniers poèmes, 1895, *ses différentes plaquettes et traductions.*

Lemaître (Jules). — Les médaillons, 1880. — La comédie après Molière, 1882. — Les petites orientales, 1883. — Serenus, 1886. — Corneille et la poétique d'Aristote, 1888. — Les rois, 1893. — Myrrha, 1894. — Les vieux livres, 1905. — En marge des vieux livres, 1905-07-10, (3 vol.). — Jean-Jacques Rousseau, 1907. — Fenélon, 1910. — Jean Racine, [1911].

Lemercier (Népomucène). — Pinto, 1800. — Panhypocrisiade, 1819.

Lemonnier (Camille). — Un mâle, [1881]. — Le mort, 1881, *etc.*

Leroy (Ch.). — Le colonel Ramollot, 1884.

Leroy (Eugène). — Jacquou le croquant, 1899, *etc.*

Levaillant (Isidore). — Le miroir d'étain, 1906.

Lombard (Jean). — Adel; L'agonie, [1888]. — Byzance, 1890, *etc.*

Lorrain (Jean). — Le sang des Dieux, 1882. — La forêt bleue, 1883. — Les Lepillier; Modernités; Viviane, 1885. — Très russe, 1886. — Les griseries, 1887. — Dans l'oratoire, 1888. — Un démoniaque, 1895. — L'ombre ardente, 1897. — Monsieur de Phocas, 1901. — Monsieur de Bougrelon, 1903. — La maison Philibert, 1904, *etc.*

Loti (Pierre). — Azyadé, 1879. — Le mariage de Loti, 1880. — Le roman d'un spahi, 1881. — Fleurs d'ennui, 1882. — Mon frère Yves, 1883. — Les trois dames de la Kasbah, 1884. — Pêcheur d'Islande, 1886. — Propos d'exil, 1887. — Madame Chrysanthème, 1888. — Japoneries d'automne, 1889. — Ramuntcho, 1897, *etc.*

Louÿs (Pierre). — Astarté, Ariane, 1891. — Léda ; Chrysis ; Les poèmes de Méléagre, 1893. — La maison sur le Nil ; Lucien de Samosate ; Scènes de la vie des courtisanes, 1894. — Les chansons de Bilitis, 1895. — Aphrodite, 1896. — Byblis ; La femme et le pantin, 1898. — Une volupté nouvelle, 1899. — Les aventures du Roi Pausole, 1900. — L'homme de pourpre, 1901. — Sanguines, 1903. — Archipel, 1906.

Mæterlinck (Maurice). — Serres chaudes ; La Princesse Maleine, 1889. — Les aveugles, [1890]. — L'ornement des noces spirituelles ....; Les sept princesses, 1891. — Pelléas et Mélisande, 1892. — Alladines et Palomides, 1894. — Annabella ; Les disciples à Saïs, 1895. — Le trésor des humbles ; Aglavaine et Selysette, 1896. — Douze chansons, 1897. — La sagesse et la destinée, 1898. — La vie des abeilles, 1901. — Monna Vanna ; Le temple enseveli ; Joyzelle, 1903. — Le double jardin, 1904. — L'intelligence des fleurs, 1907. — L'oiseau bleu, 1910.

Maindron (Maurice). — Le tournoi de Vauplassans, 1895. — Saint-Cendre, 1898. — Blancador l'avantageux, 1901. — Monsieur de Clerambon, 1904. — Ce bon monsieur de Véragues, 1911, *etc.*

Maistre (Joseph de). — Considérations sur la France, 1796. — Le Pape, 1819. — Les soirées de Saint-Pétersbourg, 1821. — Lettres à un gentilhomme russe, 1822, *etc.*

Maistre (Xavier de). — Voyage autour de ma chambre, 1794. — Le lépreux de la cité d'Aoste, 1811. — Les prisonniers du Caucase ; Prascovie, 1815.

Mallarmé (Stéphane). — Le corbeau d'Edgar Poë, 1875.
— L'après-midi d'un faune, 1876. — Poésies (lithographiées), 1887. — Le ten o'clock de M. Whistler ; Poèmes d'Edgar Poë, 1888. — Villiers de l'Isle-Adam ; Pages, 1890. Vers et prose, 1893. — Oxford et Cambridge, 1894. — La musique et les lettres, 1895. — Divagations, 1897.

Maquet (Auguste). — La belle Gabrielle, 1854. — La maison du baigneur, [1856].

Margueritte (Paul). — Mon père, 1884. — Tous quatre, 1885. — La confession posthume, 1886. — Maison ouverte, 1887. — Pascal Géfosse, [1887]. — Souvenirs de jeunesse, 1910, *etc.*

Margueritte (Paul et Victor). — Poum, 1897. — Le désastre, 1898. — Les braves gens ; Les tronçons du glaive, 1901. — Zette, 1903. — La Commune, 1904.

Marieton (Paul). — Souvenance, 1884. — La terre provençale, 1890, *etc.*

Maupassant (Guy de). — Histoire du vieux temps, 1879. — Des vers, 1880. — La maison Tellier, 1881. — Mlle Fifi, 1882. — Emile Zola ; Une vie ; Contes de la bécasse, 1883. — Au soleil ; Les sœurs Rondoli ; Miss Harriett, 1884. — Toine, [1885]. — Yvette ; Bel-Ami ; Contes et nouvelles ; Contes du jour et de la nuit, 1885. — Monsieur Parent ; La petite Roque, 1886. — Contes choisis, [1886]. — Mont-Oriol ; Le Horla, 1887. — Pierre et Jean ; Sur l'eau ; Le rosier de Me Husson (in-4° et in-16), [1888]. — Fort comme la mort ; La main gauche, 1889. — La vie errante ; Notre cœur ; L'inutile beauté, 1890. — Musotte, 1891. — La paix du ménage, 1893. — Le père Millon, 1899. — Le colporteur ; Les dimanches d'un bourgeois de Paris, 1900.

Meilhac et **Halévy**. — Péché caché, 1858. — Froufrou, 1870. — Les sonnettes, 1873.

Ménard (Louis). — Poèmes, 1855. — Rêveries d'un païen mystique, 1876. — Lettres d'un mort, 1895.

Mendès (Catulle). — Philomela, **1863**. — Hesperus, **1869**. — Contes épiques, **1870**. — Poésies, **1872**. — Les mères ennemies, **1880**. — La légende du Parnasse contemporain, **1884**. — Poésies, **1885**, — Zo' har, **1886**. — La première maîtresse, **1887**. — Grande-Maguet, **1888**. — La femme-enfant, **1891**. — La maison de la vieille, **1894**. — Gog, **1896**. — Le chercheur de tares, **1898**, *etc.*

Mendès (Mme Catulle). — Les charmes, **1904**. — Le cœur magnifique, **1909**.

Mercœur (Elisa). — Poésies, **1827**.

Mérimée (P.). — Théâtre de Clara Gazul, **1825** et **1830**. — La Guzla, **1827**. — La Jaquerie, **1828**. — Chronique du règne de Charles IX, **1829**. — La mosaïque ; La double méprise, **1833**. — Notes d'un voyage ...., **1835-36-38-40**. — Les âmes du purgatoire, [**1837**]. — Essai sur la guerre sociale, **1841**. — Colomba, **1842**. — Etudes sur l'histoire romaine ; La conjuration de Catilina, **1844**. — Carmen, **1846**. — Arsène Guillot, **1847**. — Histoire de don Pedre, **1848** [1850]. — Episode de l'histoire de Russie ; Nouvelles, **1852**. — Le faux Démétrius, **1853** et **1854**. — Les deux héritages, **1853**. — Les cosaques d'autrefois, **1865**. — La chambre bleue, [1871] **1872**. — Dernières nouvelles, **1873**. — H. B. ; Lettres à une inconnue, **1874**. — Etudes sur les arts ; Portraits, **1875**. — Lettres à M. Panizzi, **1881**. — Sept lettres de Mérimée, **1898**. — Lettres inédites..., **1900**. — Lettres à M. de Lagrené....

Merrill (Stuart). — Les gammes, **1887**. — Les fastes, **1891**. — Petits poèmes d'automne, **1895**. — Poèmes, **1897**. — Les quatre saisons, **1900**, *etc.*

Mery (Joseph). — Le bonnet vert, **1830**. — Heva, **1843**. — La Floride, **1846**. — La guerre du Nizam, **1847**. — La chasse au chastre, **1853**, *etc.*

Michelet (J). — L'oiseau, **1856**. — L'insecte ; L'amour, **1858**. — La femme, **1860**. — La mer, **1861**. — La sorcière, **1862**. — La montagne, **1868**, *etc.*

Mikhaël (Ephraïm). — L'automne, **1886**. — Le cor fleuri ; La fiancée de Corinthe, **1888**. — OEuvres, **1890**.

Mille (Pierre). — Sur la vaste terre, 1906. — Barnavaux, Caillou et Tili..., 1910.

Miomandre (Francis de). — Le vent et la poussière ; Ecrits sur l'eau, 1909.

Mirbeau (Octave). — Le comédien, 1883. — Lettres de ma chaumière, 1886-1894. — Le calvaire, 1887. — L'abbé Jules, 1888. — Sébastien Roch, 1890. — L'épidémie ; Les mauvais bergers, 1898. — Le jardin des supplices, 1899. — Le journal d'une femme de chambre, 1900. — Les 21 jours d'un neurasthénique, 1901. — Le portefeuille, 1902. — Les affaires sont les affaires, 1903. — Farces et moralités, 1904. — La 628-E 8, 1908. — Le foyer, 1909.

Mistral (Frédéric). — Le poème du Rhône, 1857. — Mireille, 1859. — Calendau, 1867. — Lis isclos d'or, 1875. — Nerto, 1884. — Mémoires et Récits, 1906.

Monnier (Henri). — Scènes populaires dessinées à la plume, 1830-31-32-33-38-39-1846. — Nouvelles scènes populaires dessinées à la plume, 1839. — Mémoires de M. Joseph Prudhomme, 1857. — Les bas-fonds de la société, 1862, *etc.*

Monselet (Charles). — Les vignes du Seigneur, 1855. — Les oubliés et les dédaignés ; La lorgnette littéraire, 1857. — Les créanciers, 1870, *etc.*

Montesquiou-Fézensac (R. de). — Les chauves-souris, [1892]. — Le chef des odeurs suaves, 1893. — Le parcours du rêve au souvenir, 1895. — Les hortensias bleus, 1896, *etc.*

Moréas (Jean). — Les syrtes, 1884. — Les cantilènes ; Le thé chez Miranda ; Les demoiselles Goubert, 1886. — Les premières armes du symbolisme, 1889. — Le pélerin passionné, 1891-1893. — Autant en emporte le vent, 1893. — Eriphyle, 1894. — Poésies ; L'histoire de Jean de Paris, 1898. — Les stances, 1899-1901. — Iphigénie, 1900. — Voyage en Grèce, 1902. — Contes de la vieille France, 1904.

Moreau (Hégésippe). — Diogène, 1833. — Le myosotis, 1838.

Moselly (E.). — La vie lorraine, 1906. — Jean des Brebis, 1907, *etc.*

Mouton (Eugène [Mérinos]). — Nouvelles ..., 1872. — Voyages ... du capitaine Cougourdan, 1879. — Histoire de l'invalide à la tête de bois, 1886, *etc.*

Mürger (Henri). — La vie de bohème (pièce), 1849. — Scènes de la bohème ; Le pays latin, 1851, *etc.*

Musset (Alfred de). — L'anglais mangeur d'opium, 1828. — Contes d'Espagne et d'Italie, 1830. — Un spectacle dans un fauteuil, 1833-1834. — La confession d'un enfant du siècle, 1836. — Les deux maîtresses ; Frédéric et Bernerette; Comédies et proverbes, 1840. — Voyage où il vous plaira, 1843. — Nouvelles, 1840-1848. — Louison ; L'habit vert, 1849. — Histoire d'un merle blanc; Mademoiselle Mimi Pinson, 1853. — Œuvres posthumes, 1860. — *Premières éditions séparées* : Un caprice, 1847. — Il faut qu'une porte soit ouverte ou fermée ; Il ne faut jurer de rien ; Le chandelier, 1848. — André del Sarto ; Les caprices de Marianne, 1851. — On ne badine pas avec l'amour, 1861. — Carmosine, 1865. — Fantasio, 1866.

Nadaud (Gustave). — Recueil de chansons, 1849-1852-1857-1862-1865-1867-1876-1890.

Nerval (Gérard de). — Faust (Goëthe), 1828. — Scènes de la vie orientale, 1848-1850. — Loreley ; Les illuminés ; Contes et facéties, 1852. — Les filles de feu, 1853. — Petits châteaux de Bohème, 1854. — La bohème galante, 1855. — Poésies complètes, 1877, *etc.*

Noailles (Ctesse Mathieu de). — Le cœur innombrable, [1903]. — La nouvelle espérance, 1903. — Le visage émerveillé, 1904. — L'ombre des jours ; Les éblouissements, 1907.

Nodier (Charles). — Les proscrits, 1802. — Le dernier chapitre de mon roman : Le peintre de Salzbourg, 1803. — Les essais d'un jeune barde, 1804. — Les tristes, 1806. — Jean Sbogar, 1818. — Thérèse Aubert, 1819. — Trilby, 1822. — Smarra, 1821. — Inès de las Sierras, 1837. — La neuvaine de la Chandeleur, 1839, *etc.*

Nolhac (Pierre de). — Paysages d'Auvergne, **1888**. — La reine Marie-Antoinette, **1890**. — Sonnets, **1907**, *etc.*

Noriac (J. C. A.). — Le 101ᵉ régiment, **1858**.

Ohnet (Georges) — Serge Panine, **1881**. — Le maître de forges, **1882**.

O'Neddy (Philotée) ; Feu et flamme, **1833**.

Pailleron (Edouard). — Le monde où l'on s'ennuie, **1869**. — L'âge ingrat, **1879**.

Paris (Gaston). — Histoire poétique de Charlemagne, **1865**. — Le petit Poucet, **1875**. — Les poésies du moyen-âge, **1885-1895**.

Parnasse Contemporain (Le), **1866-1876**, (3 vol.).

Parny (Ev.). — La guerre des Dieux, **1799**.

Péladan (Joséphin). — Le vice suprême, **1884**. — Femmes honnêtes, **1885**. — La décadence latine, **1886-1892**, *etc.*

Philippe (Charles-Louis). — Quatre histoires de pauvre amour, **1897**. — La bonne Madeleine, **1898**. — La mère et l'enfant, **1900**. — Bubu de Montparnasse, **1901**. — Le père Perdrix, **1902**. — Marie Donadieu, **1904**. — Croquignole, **1906**. — Dans la petite ville, **1910**. — Faits-divers ; La mère et l'enfant (2ᵉ éd.), **1911**.

Picard (L.-B.). — La petite ville, **1801**.

Pigault-Lebrun. — L'enfant du carnaval, **1792**. — Les barons de Felsheim, **1798-1799**. — La folie espagnole ; Mon oncle Thomas, **1799**. — M. Botte, **1802**. — Le citateur, **1803**. — M. Jérôme, **1804**, *etc.*

Poë (Edgar). — *Traduction Baudelaire* : Histoires extraordinaires, **1856**. — Nouvelles histoires extraordinaires, **1857**. — Eureka, **1864**. — Histoires grotesques, **1865** — *Traduction S. Mallarmé* : Le corbeau, **1875**. — Les poèmes, **1888**.

Ponsard (Francis). — Lucrèce, **1843**. — L'honneur et l'argent, **1853**. — Le lion amoureux, **1866**, *etc.*

Porto-Riche (Georges de). — Prima Verba, 1872. — Vanina, 1879. — La chance de Françoise, 1889. — L'infidèle, 1890. — Amoureuse, 1894. — Le Passé ; Théâtre d'amour, 1898. — Bonheur manqué ; Les Malfilatre, 1904. — Le vieil homme, 1911, *etc.*

Pougens (Charles). — Jocko (*préface d'*A. France), 1824.

Pouvillon (Emile). — Cesette, 1881. — Les Antibel, 1892, *etc.*

Prévost (Marcel). — Le scorpion, 1887. — Chonchette, 1888. — Mlle Jauffre, 1889. — Cousine Laura, 1890. — Lettres de femmes, 1892. — Nouvelles lettres de Femmes ; Les demi-vierges, 1894, *etc.*

Prévost-Paradol. — La France nouvelle, 1868.

Privat d'Anglemont (Alexandre). — Voyage à travers Paris, 1846. — Paris-anecdotes, 1854. — Paris inconnu, 1861.

Pyat (Félix). — Ango, 1835. — Diogène, 1846. — Les chiffonniers de Paris, 1847.

Quillard (Pierre). — La fille aux mains coupées, 1886. — La gloire du verbe, 1890. — Les lettres rustiques de Claudius Prenestin, 1895. — La lyre héroïque et dolente, 1897.

Quinet (Edgar). — Les tablettes du Juif Errant, 1823. — De la Grèce moderne, 1830. — De l'Allemagne, 1832. — Ahasverus, 1833. — Prométhée, 1838. — Lettres d'exil, 1885-1886, *etc.*

Rachilde (Mlle). — Les hors-nature, 1897, *etc.*

Randau (Robert). — Les colons, 1907. — Les explorateurs, 1910. — Le commandant et les Foulbès, 1911, *etc.*

Ratisbonne (L.-G.-T.). — La comédie enfantine, 1861.

Raynouard (F.-J.-M.). — Les Templiers, 1805.

Rebell (Hugues). — Les méprisants, 1886. — Tymandra, 1887. — Les étourdissements, 1888. — Baisers d'ennemis,

1892. — Chants de la pluie et du soleil, 1894. — La Nichina, 1897. — La femme qui a connu l'empereur, 1898. — La Camorra, 1900, *etc.*

Reboux (Paul). — Les matinales, 1897. — Les iris noirs, 1898. — Josette, 1904. — La maison de danses, 1905. — Le phare, 1907. — La petite Papacoda, 1911, *etc.*

Reboux et **Muller**. — A la manière de ..., 1908.

Régnier (Henri de). — Lendemains ; Apaisement, 1886. — Sites, 1887. — Episodes, 1888. — Poèmes anciens et romanesques, 1890. — Episodes, sites et sonnets, 1891. — Tel qu'en songe, 1892. — Contes à soi-même ; Le bosquet de Psyché, 1894. — Le trèfle noir ; Aréthuse, 1895. — Poèmes, 1896. — Les jeux rustiques et divins ; La canne de jaspe, 1897. — Premiers poèmes ; Le trèfle blanc, 1899. — La double maîtresse ; Les médailles d'argile, 1900. — Les amants singuliers ; Figures et caractères, 1901. — Le bon plaisir ; La cité des eaux ; Les vacances d'un jeune homme pauvre, 1902. — Le mariage de minuit, 1903. — Les rencontres de M. de Bréot, 1904. — Le passé vivant, 1905. — La sandale ailée ; Esquisses vénitiennes ; L'amour et le plaisir ; Sujets et paysages, 1906. — La peur de l'amour, 1907. — Les scrupules de Sganarelle, 1908. — Couleur du temps ; La flambée, 1909. — Le miroir des heures, 1911.

Renan (Ernest). — De l'origine du langage, 1848. — Eclaircissements tirés des langues sémitiques, 1849. — Mahomet, 1851. — Averroès, 1852. — Henriette Renan, 1862. — La vie de Jésus, 1863. — Mélanges d'histoire et de voyages ; Caliban, 1878. — L'eau de Jouvence, 1881. — Souvenirs d'enfance et de jeunesse, 1883. — Le prêtre de Némi ; L'abbesse de Jouarre, 1886. — L'avenir de la science, 1890. — Feuilles détachées, 1892. — Lettres intimes, 1896. — Lettres du séminaire, 1905. — Cahiers de jeunesse, 1906. — Patrice, *etc.*

Renard (Jules). — Les roses, 1886. — Crime de village, 1888. — Sourires pincés, 1890. — L'écornifleur, 1892. — La lanterne sourde ; Coquecigrues ; Deux fables sans

morale, 1893. — Le vigneron dans sa vigne, 1894 et 1901.
— Poil de carotte, 1894. — La demande, 1895. — Histoires
naturelles ; La maîtresse, 1896. — Bucoliques ; Le plaisir
de rompre, 1898. — L'écornifleur, 1903. — Le pain de
ménage, 1904. — Nos frères farouches, [1907]. — Mots
d'écrit, 1908. — Ragotte ; La bigotte ; Causeries, 1910.

Retté (Adolphe). — Cloches en la nuit, 1889. — Thulé
des brumes ; Paradoxe sur l'amour, 1892. — Une belle
dame passa, 1893. — L'archipel en fleurs ; Similitudes,
1895. — La forêt bruissante, 1896, *etc.*

Reybaud (Louis). — Jérôme Paturot, 1842-1848.

Richepin (Jean). — Les étapes d'un réfractaire, 1872.
— La chanson des gueux, [1876]. — Les caresses, [1877].
— La glu, [1881]. — Les blasphèmes, 1884, *etc.*

Rictus (Jehan). — Les soliloques du pauvre, 1897. —
Doléances, 1900.

Rimbaud (Arthur). — Une saison en enfer, 1873. —
Les illuminations, 1886. — Le reliquaire, 1891. — Œuvres,
1898.

Rivoire (André). — Les vierges, 1895. — Berthe au
grand pied ; Le songe de l'amour, 1900. — Le chemin
de l'oubli, 1904. — Il était une bergère, 1905. — Le bon
roi Dagobert, 1908.

Rod (Edouard). — La course à la mort, 1885. — La vie
privée de Michel Tessier, 1893. — Le silence ; La seconde
vie de Michel Tessier, 1894, *etc.*

Rodenbach (Georges). — Le foyer et les champs, 1877.
— Les tristesses, 1879. — Ode à la Belgique, 1880. — La
mer élégante, 1881. — L'hiver mondain, 1884. — La jeunesse blanche, 1886. — Du silence, 1888. — L'art en exil,
1889. — Le règne du silence, 1891. — Bruges la morte,
[1892]. — Le voyage dans les yeux, 1893. — Le voile ; Musée
de béguines, 1894. — La vocation ; Les vierges ; Les tom-
beaux, 1895. — Les vies encloses, 1896. — Le carillonneur,
1897. — L'arbre ; Le miroir du ciel natal, 1898. — L'élite,
1899. — Le rouet des brumes, 1901.

Rollinat (Maurice). — Dans les brandes, 1877. — Les névroses, 1883. — L'abîme, 1886, *etc.*

Romain-Rolland. — Les origines du théâtre lyrique moderne, 1895. — Aërt ; Les loups, 1898. — Le triomphe de la raison, 1899. — Danton, 1900. — Le 14 juillet, 1902. — Le théâtre du peuple ; Le temps viendra ; Beethoven (2 vol.), 1903. — La Montespan, 1904. — Jean Christophe (12 vol.), 1904-11. — La vie de Michel-Ange, 1906. — Musiciens d'aujourd'hui, 1908. — Musiciens d'autrefois, 1909. — Haëndet, 1910. — Vie de Tolstoï, 1911.

Rosny (J.-H.). — Nell Horn, 1886. — L'immolation ; Les Xipehuz ; Le bilatéral, 1887. — Marc Fane ; Les corneilles, 1888. — Le termite, 1890. — Daniel Valgraive, 1891. — Vamireh, [1892]. — L'indomptée ; Les origines ; Erymah, 1895. — Elem d'Asie ; Les profondeurs de Kyamo, 1896. — La vague rouge, 1911, *etc.*

Rostand (Mme Edmond) [Rosemonde Gérard]. — Les pipeaux, 1889.

Rostand (Edmond). — Deux romanciers de Provence : Honoré d'Urfé et Emile Zola, 1888. — Les musardises, 1890. — Les romanesques, 1894. — La princesse lointaine, 1895. — La Samaritaine ; Pour la Grèce, 1897. — Cyrano de Bergerac, 1898. — L'aiglon, 1900. — La journée d'une précieuse, 1902. — Chantecler, 1910. — Les musardises *(augm.)*, 1911.

Rouget de l'Isle (C.-J.). — La Marseillaise, 1792.

Roupnel (Gaston). — Nono, 1910.

Sainte-Beuve. — Tableau historique 1828. — Vie, poésies et pensées de Joseph Delorme, 1829-1830 et 1861. — Les consolations, 1830 et 1835. — Critiques et portraits, 1er vol. 1832 ; 2e et 3e 1836 ; 4e et 5e 1839 ; nouv. édit. 1842 ; — Volupté, 1834. — Pensées d'août, 1837. — Poésies complètes, 1840. — Port-Royal, 1840 et 1859. — Un dernier rêve, [1840]. — La Bruyère, 1842. — Le livre d'amour, 1843. — Portraits de femmes, 1844-1852. — Poésies, [1844].

— Portraits contemporains, 1846 et 1869-1871. — Causeries du lundi, 1851-1862. — Derniers portraits littéraires, 1852. — Portraits littéraires, 1852-1862-1864. — Chateaubriand et son groupe, 1861. — Nouveaux lundis, 1863-1870. — Lettres à la princesse, 1873. — Premiers lundis, 1874-1875. — Correspondance *sous des titres différents*, 1877-1878, 1880, 1891 [1895].

Saint-Georges de Bouhélier. — L'annonciation, 1894. — La vie héroïque des aventuriers (2 vol.); La résurrection des dieux ; Discours sur la mort de Narcisse, 1895. — L'hiver en méditation, 1896. — Eglé, 1897. — Les éléments d'une renaissance, 1899. — La route noire, 1900. — La tragédie du nouveau Christ, 1901. — Des passions de l'amour ; Julie, 1904, *etc.*

Saintine (X. B.). — Picciola, 1836. — Le chemin des écoliers, 1861. — La mythologie du Rhin, 1862, *etc.*

Saint-Pol Roux. — Lazare, 1886. — L'âme noire du prieur blanc ; Epilogue des saisons humaines ; Les reposoirs de la procession, 1894. — Le bouc émissaire, — La dame à la faulx, 1899. — La rose et les épines du chemin, 1901. — Anciennetés, 1903. — Les reposoirs de la procession, 1908.

Saint-Victor (Paul de). — Hommes et dieux, 1867. — Les deux masques, 1880-1884. — Anciens et Modernes, 1886.

Samain (Albert). — Au jardin de l'infante, 1893-1897. — Aux flancs du vase, 1898. — Le chariot d'or, 1901. — Aux flancs du vase, *suivi de* Polyphème; Contes, 1902.

Saman (Mme Prudence de). — *Voir* **Allard** (Hortense).

Sand (Georges). — Rose et Blanche, 1831. — Indiana ; Valentine, 1832. — Lélia, 1833. — Lettres d'un voyageur, 1834. — Mauprat, 1837. — La mare au diable, 1846. — La petite Fadette, 1840. — François le Champi,. 1849. — Les beaux messieurs de Bois Doré, 1858. — Le marquis de Villemer, 1861, *etc.*

Sandeau (Jules). — Rose et Blanche, 1831. — Mme de Somerville, 1834. — Marianna, 1839. — Le docteur Herbeau, 1842. — Mademoiselle de la Seiglière, 1848. — La maison de Penarvan, 1858, *etc.*

Sardou (Victorien). — Les pattes de mouche, 1860. — Nos intimes ; La papillonne, 1862. — La famille Benoiton ; Nos bons villageois, 1866. — Patrie, 1869. — Rabagas, 1872. — La haine, 1875, *etc.*

Scholl (Aurélien). — Denise, 1857.

Schwob (Marcel). — Cœur double, 1891. — Mimes *(repr. ms.)* ; Le roi au masque d'or, 1893. — Mimes ; Le livre de Monelle, 1894. — Annabella et Giovanni, 1895. — La croisade des enfants ; Spicilège ; Moll Flanders ; les vies imaginaires, 1896. — Hamlet ; La porte des rêves, 1899. — Les mœurs des Diurnales ; La lampe de Psyché ; Francesca de Rimini, 1903. — Note pour le commentaire, 1904, *etc.*

Senancour (E. P. de). — Rêveries sur la nature primitive de l'homme, 1798. — Obermann, 1804. — De l'amour, 1805. — Libres méditations d'un solitaire inconnu, 1819. — Isabelle, 1833, *etc.*

Sienkiewikz. — Quo Vadis [1900].

Signoret (Emmanuel). — Le livre de l'amitié, 1891. — Ode à Paul Verlaine, 1892. — Daphné, 1894. — Vers dorés, 1896. — La souffrance des eaux, 1899, *etc.*

Simon (Jules). — L'ouvrière, 1861.

Soulary (Joséphin). — La chasse aux mouches d'or, [1876].

Soulié (Frédéric). — Les mémoires du diable, 1837-1838. — La closerie des genêts, 1846, *etc.*

Soumet (Alexandre). — Saül, 1822, *etc.*

Spire (André). — La cité présente, 1903. — Et vous riez, 1906. — Israël Zangwille, 1909. — J'ai trois robes distinguées, 1910. — Vers les routes absurdes, 1911.

Staël (Mme de). — Delphine, 1802. — Corinne, 1807. — De l'Allemagne, 1810. — Considérations sur la révolution, 1818, *etc.*

Stendhal. — Lettres écrites de Vienne sur Haydn ; Mozart, 1814. — Rome, Naples et Florence ; Histoire de la peinture en Italie ; Vie de Haydn ; Mozart et Métaslasc, 1817. — De l'amour, 1822. — Racine et Shakespeare, 1823-1825. — Vie de Rossini, 1824. — D'un nouveau complot contre les industriels, 1825. — Armance, 1827. — Promenades dans Rome, 1829. — Le rouge et le noir, 1831. — Mémoires d'un touriste, 1838. — La chartreuse de Parme ; L'abbesse de Castro, 1839. — Nouvelles inédites ; Chroniques italiennes ; Correspondance inédite, 1855. — Mélanges d'art et de littérature, 1867. — Vie de Napoléon, 1876. — Journal de Stendhal, 1888. — Lamiel, 1889. — Lettres intimes ; Souvenirs d'égotisme, 1892. — Lucien Leuwen, 1894. — Correspondance, 1908.

Suarès (André) [Yves Scantrel]. — Les pèlerins d'Emmaüs, 1892. — Lettres d'André de Seipse, solitaire (5 vol. broch.), 1894, 1899, 1900. — Wagner, 1899. — Airs, 1900. — Images de la grandeur ; Le livre de l'émeraude, 1901. — Sur la mort de mon frère, 1904. — La tragédie d'Elektre, 1905. — Voici l'homme, 1906. — Bouclier du zodiaque, 1907. — Le portrait d'Ibsen, 1908. — Visite à Pascal, Lais et Sones, 1909. — Sur la vie (3 vol.), 1909-10-11. — Voyage du condottiere, 1910. — Tolstoï vivant, 1911.

Sue (Eugène). — Plick et Plock ; Atar Gull, 1831. — La Salamandre ; La Coucaratcha, 1832. — La vigie de Koat-Ven, 1833. — Les mystères de Paris, 1842-1843. — Le Juif-Errant, 1844-1845, *etc.*

Sully-Prudhomme. — Stances et poèmes, 1865. — Les épreuves, 1866. — Poésies, 1866-1872. — Les solitudes, 1869. — Les destinées, 1872. — Les vaines tendresses, 1875. — La justice, 1878. — Le prisme, 1886. — Le bonheur, 1888. — Que sais-je, 1895. — Testament poétique, 1901. — Lettres à une amie, 1911 ; *ses diverses plaquettes.*

Taine (H.-A.). — Essai sur les fables de La Fontaine, 1853. — Voyage aux eaux des Pyrénées, 1855. — Essai sur Tite-Live, 1856. — Voyage en Italie, 1866. — Vie et opinions de Thomas Graindorge, 1867. — De l'intelligence, 1870. — Notes sur l'Angleterre, 1872. — Les origines de la France contemporaine, 1876-1893, *etc.*

Tailhade (Laurent). — Le jardin des êves, 1880. — Un dizain de sonnets, 1881. — Au pays du mufle, 1891 et 1894. — Vitraux, 1891. — Terre latine, 1898. — A travers les grouins, 1899. — Imbéciles et gredins, 1900. — La touffe de sauge, 1901. — Poèmes élégiaques, 1907, *etc.*

Talon (F.-L.). — La Marquesita, 1902.

Tellier (Jules). — Les brumes, 1883. — Les écrivains d'aujourd'hui, 1888. — Reliques, 1890.

Theuriet (André). — Le chemin des bois, 1867. — Sous bois, 1878. — La maison des deux barbeaux, 1879, *etc.*

Thiboust (Lambert). — La corde sensible, 1851. — Les filles de marbre, 1853. — Les Jocrisses de l'amour, 1865, *etc.*

Tillier (Claude). — Mon oncle Benjamin, 1843. — Œuvres, 1846, *etc.*

Tinan (Jean de). — Un document sur l'impuissance d'aimer, 1894. — Erythrée, 1896. — L'exemple de Ninon de Lenclos amoureuse ; Penses-tu réussir, 1898. — Aimienne, 1899.

Tinayre (Marcelle). — La rançon, 1892. — Hellé, 1899. — La maison du péché, 1902. — La vie amoureuse de François Barbazanges, 1904, *etc.*

Toppfer (Rod). — Premières éditions collectives : Nouvelles et mélanges, 1840. — Nouvelles genevoises, 1841, *etc.*

Tolstoï (Comte) (*Traductions*). — La guerre et la paix, 1884. — Anna Karénine, 1885. — La sonate de Kreutzer, 1890. — Résurrection, 1900, *etc.*

Uchard (Mario). — Mon oncle Barbassou, 1877, *etc.*

Vacquerie (Auguste). — Tragaldabas, 1875, *etc.*

Vallès (Jules). — La rue : Les réfractaires, 1866. — Jacques Vingtras ; Le bachelier, 1881. — L'insurgé, 1886, *etc.*

Vanderem (Fernand). — La cendre, 1894, *etc.*

Verhaeren (Emile). — Les flamandes, 1883. — Les contes de minuit, 1885. — Les moines, 1886. — Les soirs ; Les débacles, 1888. — Les flambeaux noirs ; Au bord de la route ; Les apparus dans mes chemins, 1891. — Les campagnes hallucinées, [1893]. — Almanach ; Les villages illusoires ; Poèmes ; Les villes tentaculaires, 1895. — Les heures claires, 1896. — Les aubes, 1898. — Les visages de la vie, 1899. — Le cloître ; Petites légendes, 1901.

Verlaine (Paul). — Poèmes saturniens, 1866. — Les amies, 1868. — Fêtes galantes, 1869. — La bonne chanson, 1870. — Romances sans paroles, 1874. — Sagesse, 1881. — Les poètes maudits ; Jadis et naguère, 1884. — Louise Leclercq ; Mémoires d'un veuf, 1886. — Amour, 1888. — Parallèlement, 1889. — Femmes ; Dédicaces, 1890. — Bonheur ; Chansons pour elles ; Les uns et les autres ; Mes hôpitaux, 1891. — Liturgies intimes, 1892. — Mes prisons ; Elégies ; Odes en son honneur, 1893. — Quinze jours en Hollande, [1893]. — Dans les limbes ; Epigrammes, 1894. — Confessions ; Chair ; Invectives, 1896. — Hombres, 1903.

Verne (Jules) [*Les dates ne sont pas certaines*]. — Cinq semaines en ballon, 1863. — Voyage au centre de la terre, 1864. — De la terre à la lune, 1865. — Aventures du capitaine Hatteras, 1866. — Les enfants du capitaine Grant, [1868]. — Vingt mille lieues sous les mers, [1869-1870]. — Le tour du monde en quatre-vingts jours, 1873. — Michel Strogoff, [1876], *etc.*

Veuillot (Louis). — Satires, 1863. — Les odeurs de Paris, 1867. — Les couleuvres, 1869, *etc.*

Vicaire (Gabriel). — Emaux bressans, 1884. — Les déliquescences d'Adoré Floupette, 1885, (*avec Beauclair*), *etc.*

Viele-Griffin (Francis). — Les cygnes ; Cueille d'avril, 1886. — Ancæus, [1888]. — Joies, 1889. — Dyptique, 1891. — Swanhilde, 1894. — La chevauchée d'Yeldis, 1893. — Palei ; Laus Veneris ; Poèmes et poésies, 1895. — La clarté de la vie, 1897. — Phocas le jardinier, 1898. — La Partenza, 1899. — La légende ailée de Wieland le forgeron, 1900.

Vigny (Alfred de). — Helena ; Le trappiste, 1822. — Eloa, 1824. — Poèmes antiques ; Cinq-Mars, 1826. — Othello, 1830. — Paris ; La maréchale d'Ancre, 1831. — Les consultations du docteur Noir, 1832. — Chatterton ; Servitudes et grandeur militaire, 1835. — Œuvres, 1835-1839. — Théâtre, 1838-1839. — Poésies, 1842. — Les destinées, 1864. — Journal d'un poète, 1867.

Villiers de l'Isle-Adam (Auguste). — Deux essais de poésie, 1858. — Premiers poèmes, 1859. — Isis, 1862. — Elen, 1865. — Elen [2e éd.]. — Morgane, 1866. — La Révolte, 1870. — Le nouveau monde, 1880. — Contes cruels, 1883. — Akedysseril ; L'amour suprême ; L'Eve future, 1886. — Tribulat Bonhomet, [1887]. — L'évasion, 1887. — Maison Gambade père et fils successeurs, [s. d.]. — Histoires insolites, 1888. — Le couronnement de M. Grévy [s. d.], placard gr. in-f° ; Chez les passants, 1890. — Nouveaux contes cruels, [1888] et Nouveaux contes cruels et propos d'au-delà, 1893.

Vivien (Renée). — Etudes et préludes, 1901. — Cendres et poussières ; Brumes de Fjords, 1902. — Sapho ; Evocations ; Du vert au violet, 1903. — La Vénus des Aveugles ; Les Kithrèdes ; La dame à la louve ; Une femme m'apparut, 1904. — A l'heure des mains jointes, 1906. — Flambeaux éteints, 1907. — Le vent des vaisseaux ; Dans un coin de violettes ; Maillons, 1910.

Vogüé (E. M. de). — Histoires orientales, 1880. — Histoires d'hiver, 1885. — Le roman russe, 1886. — Souvenirs et visions, [1887]. — Regards historiques, 1892. — Heures d'histoire, 1893. — Jean d'Agrève, 1897. — Les morts qui parlent ; Le rappel des ombres, 1899. — Le maitre de la mer, 1903. — Hommes et choses d'hier, 1904, *etc.*

Weiss (J.-J.). — Au pays du Rhin, 1886, *etc.*

Wilde (Oscar). — Salomé, 1893.

Willy. — Une passade, 1894, — Claudine à l'école, 1900.
— Claudine à Paris; Claudine en ménage, 1902. — Claudine s'en va, 1903. — Minne, 1904. — Les égarements de Minne, 1905.

Willy (Colette). — Dialogues de bêtes, 1904. — Sept dialogues de bêtes, 1905. — La retraite sentimentale, 1907. — Les vrilles de la vigne; La vagabonde, 1910.

Zamacoïs (Miguel). — Bohemos, 1904. — Les Bouffons, 1907, *etc.*

Zola (Emile). — Contes à Ninon, [1864]. — La confession de Claude, 1866. — Les mystères de Marseille, 1867. — Madeleine Férat; Thérèse Raquin, 1868. — La fortune des Rougon; La curée, 1871. — Le ventre de Paris, 1873. — La conquête de Plassans; Nouveaux contes à Ninon, 1874. — La faute de l'abbé Mouret, 1875. — Son excellence Eugène Rougon; Le vœu d'une morte, 1876. — L'assommoir, 1877. — Une page d'amour, 1877 et 1878. — Nana; Les soirées de Médan, 1880. — Pot bouille, 1882. — Au bonheur des dames; Le capitaine Burle, 1883. — La joie de vivre, 1883 et 1884.— Naïs Micoulin, 1884. — Germinal, 1884 et 1885. — L'œuvre, 1886. — La terre, 1887. — Le rêve, 1888. — La bête humaine, 1890. — L'argent, 1891. — La débâcle, 1892. — Le docteur Pascal, 1893. — Lourdes, 1894. — Rome, 1896. — Paris, 1898. — Fécondité, 1899. — Travail, 1901. — Vérité, 1903, *ses ouvrages de critique.*

LES XX

Nous ne pouvons terminer cette courte dissertation sur les éditions originales contemporaines du xix° siècle sans dire quelques mots des publications d'une société de bibliophiles, fondée par l'auteur de ce petit livre, pour mettre en application les principes qui y sont édictés ; ces publications paraissent avoir reçu bon accueil des amateurs, peut-être les renseignements suivants seront-ils de quelque intérêt.

Les « XX », titre de cette société, ont été fondés en 1898. Ils se sont donné pour mission, non de faire de nouvelles éditions, mais, pendant les premières années de leur existence et pour ne pas trop effaroucher les éditeurs, de faire tirer un nombre d'exemplaires égal à leur nombre, fixé à vingt comme leur titre l'indique, de l'édition originale d'œuvres, littéraires principalement, mais artistiques aussi, tirés sur un papier de fil de la plus belle qualité possible, filigrané à leur marque bibliophilique, numérotés et pliés, mais non cousus, enfermés dans une chemise, contenue elle-même dans un étui. Chaque exemplaire étant revêtu, autant que possible, de la signature de l'auteur du livre, auquel un exemplaire était offert en échange de cette gracieuseté.

Entre parenthèses, ce mode d'abriter les livres, qui les préserve absolument de la poussière jusqu'à leur reliure, est presque uniquement employé depuis pour les livres de grand luxe.

Quelques années après leur fondation les « XX » décidèrent de faire réimposer spécialement pour eux toutes les éditions in-18 dans le format in-octavo, réalisant ainsi le seul et véritable grand papier de luxe.

L'accueil fait à ces belles éditions dans les quelques rares ventes publiques où elles ont figuré, le plus souvent à la suite du décès de leurs propriétaires, a prouvé à quel point le sentiment des bibliophiles délicats leur était favorable.

A titre de complément d'indication, nous croyons devoir donner ci-après la liste des éditions originales pour lesquelles il a été effectué des tirages au nom des XX et parues jusqu'à ce jour.

ÉDITIONS ORIGINALES

publiées à 20 exemplaires par la société les « XX »
tirées, pour la plus grande partie, sur papier d'Arches spécial de
la Société et généralement signées par leurs auteurs.

Formats de l'édition ordinaire.

Adam (Paul). — Lettres de Malaisie, 1898.

Barrès (Maurice). — Le roman de l'énergie nationale :
Les déracinés, 1897. — L'appel au soldat, 1900. — Leurs
figures, 1902.

Boylesve (René). — Mlle Cloque, 1901.

Courteline (Georges). — Les marionnettes de la vie,
[1901].

Daudet (Léon). — Sébastien Gouvès, 1898.

Donnay (Maurice) et **Descaves** (Lucien). — La clai-
rière, 1906.

Esparbès (Georges d'). — Les demi-solde, [1899].

Hennique (Léon). — Minnie Brandon, 1899.

Lemonnier (Camille). — Le sang et les roses, 1901.

Lorrain (Jean). — Monsieur de Phocas, 1901.

Maindron (Maurice). — Saint-Cendre, 1898. — Monsieur de Clérambon, 1904.

Mendès (Catulle). — Le chercheur de tares, 1898.

Mirbeau (Octave). — Les mauvais bergers, 1898.

Rebell (Hughes). — La femme qui a connu l'empereur, 1897.

Regnier (Henri de). — La canne de jaspe, 1897.

Renard (Jules). — Bucoliques, 1898.

Rosny (J.-H.). — Les âmes perdues, 1899.

Vogüé (Vte E.-M. de). — Les morts qui parlent, 1899.

Formats réimposés in-8° raisin.

Angellier. — Les scènes, 1911.
Audoux (Marguerite). — Marie-Claire, 1910.
Bataille (Henry). — La vierge folle, 1910.
Baudelaire (Charles). — Lettres, 1841-1866, 1906.
Bazin (René). — Les Oberlé, [1902].
Beaunier (André). — Picrate et Siméon, 1904.
Bernard (Tristan). — Un mari pacifique, 1901.
Bertrand (Louis). — Pépète le bien-aimé, 1904.
Bourges (Elèmir). — La nef, 1904.
Bourget (Paul). — Le fantôme, [1901].
Brisson (Adolphe). — Florise Bonheur, s. d.
Brunetière (Ferdinand). — Honoré de Balzac, [1907].
Claudel (Paul). — L'otage, 1911.
Coigny (Aimée de). — Mémoires [1902].
Farrère (Claude). — La maison des hommes vivants, 1911.
Flaubert (Gustave). -- Mémoires d'un fou, 1901. — La première tentation de saint Antoine, 1908.
France (Anatole). — Au petit bonheur, 1898 *(reprod. du ms.)*. — Clio, 1900.
Gebhardt (Emile). — Souvenirs d'un vieil Athénien, 1911.
Gide (André). — Isabelle, 1911.
Gourmont (Remy de). — Un cœur virginal, 1907.
Gregh (Fernand). — La chaîne éternelle, 1910.
Guérin (Charles). — Le semeur de cendres, 1901.
Guillaumin (Emile). — Près du sol, [1906].
Hirsch (Ch.-Henri). — Poupée fragile, 1907.
Jammes (Francis). -- Le deuil des primevères, 1901.
Jarry (Alfred). — Gestes et opinions du Dr Faustroll, 1911.

Larguier (Leo). — Jacques, 1907.

Le Cardonnel (Louis). — Poèmes, 1904.

Lemaître (Jules). — En marge des vieux livres, 1905, 1907.

Loti (Pierre). — Les derniers jours de Pékin, [1902].

Louÿs (Pierre). — La femme et le pantin, 1898.

Mæterlinck (Maurice). — Le double jardin, 1904.

Maupassant (Guy de). — Les dimanches d'un bourgeois de Paris, 1901.

Mirbeau (Octave). — Le jardin des supplices, 1899.

Moréas (Jean). — Les stances, 1899 (in-4° sur Japon).

Morel (Emile). — Les gueules noires, 1907.

Musset (Alfred de). — Lettres d'amour à Aimée d'Alton, 1910.

Nau (John-Antoine). — Hiers bleus, 1904.

Noailles (Ctesse Mathieu de). — La domination, [1905].

Pergaud (Louis). — La revanche du corbeau, 1911.

Philippe (Charles-Louis). — Marie Donadieu, 1904.

Porto-Riche (Georges de). — Le vieil homme, 1911.

Reboux (Paul). — La petite Papacoda, 1911.

Régnier (Henri de). — La sandale ailée; L'amour et le plaisir, 1906.

Rod (Edouard). — Le glaive et le bandeau, 1910.

Roupnel (Gaston). — Nono, s. d. [1910].

Samain (Albert). — Aux flancs du vase, 1898 (in-4°). — Le chariot d'or, 1901.

Tynaire (Marcelle). — La vie amoureuse de François Barbazanges, [1904].

Verhaeren (Emile). — Les forces tumultueuses, 1901.

Verlaine (Paul). — Voyage en France, 1907.

TABLE DES MATIÈRES

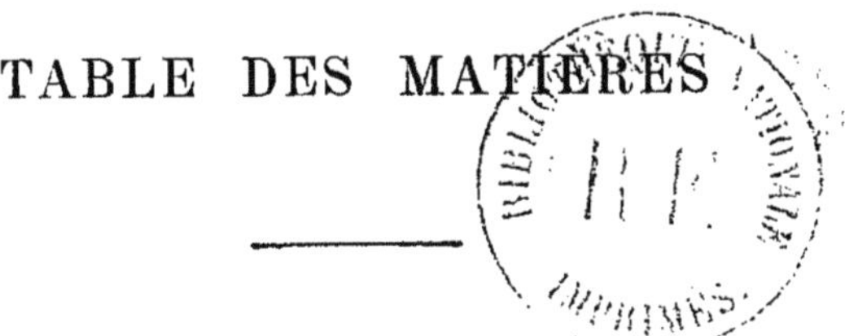

Achevé d'imprimer

à deux cent cinquante exemplaires

sur papier vélin des Manufactures d'Arches

chez F. PAILLART, à Abbeville

le 30 Novembre 1911.